스타트 업!!
# 3D 프린터 활용 마스터

저자 주승환(윌리암 왕)

인포더북스

# 스타트 업!!
# 3D 프린터 활용 마스터

2015년 4월 30일 초판 1쇄 인쇄
2015년 5월  6일 초판 1쇄 발행

**지은이** : 주 승 환
**펴낸이** : 최 정 식
**진  행** : 인포더북스 출판기획팀

**펴낸곳** : 인포더북스(books@infothe.com)
**홈페이지** : www.infothebooks.com
**주  소** : (121-708) 서울시 마포구 마포대로 25 신한디엠빌딩 13층
**전  화** : (02) 719-6931
**팩  스** : (02) 715-8245
**등  록** : 제10-1691호

**표지·내지 디자인** : 윤지영

Copyright ⓒ 주승환, 2015, Printed in Seoul, Korea
본 도서는 저작권법에 의해 보호를 받는 저작물이므로 내용을 무단으로 복사, 복제, 전재 및 발췌하는 행위는 저작권법에 저촉되며, 민형사상의 처벌을 받게 됩니다.

정가 22,000원

ISBN 978-89-94567-49-5 (03550)

· 머리말

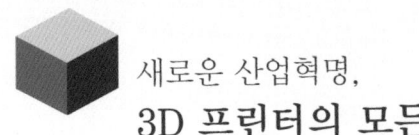
새로운 산업혁명,
# 3D 프린터의 모든 것

현재 중국과 미국 위주의 세계 정세는 유럽 강대국의 개편이 일어나던 18세기 산업 혁명 시기와 비슷하다. 현재 제3의 산업혁명으로 불리는 3D 프린터의 등장이 1차 산업 혁명의 증기기관과 비슷한 변화를 가져올 것이다. 이처럼 중요한 시기에 3D 프린터 산업을 이해하고자 노력하는 것은 조선 후기에 근대화를 주장했던 선각자와 비슷하다. 그 당시 대부분 변화의 흐름인 산업혁명의 중요성을 모르던 것과 마찬가지로 현재도 3D 프린터의 중요성을 절실히 느끼지 못하고 있다. 하지만 현재는 강대국의 흥망이 결정되는 시기라고 할 수 있다. 이 시기에 3D 프린터에 관련된 도서를 접하는 것은 박지원, 박제가와 같은 선각자가 열하일기 등을 저술하고 이에 대한 토론과 국가의 흥망을 걱정하는 것과 비슷한 일이다. 많은 책과 정보를 접하고 이 시대의 할 일에 대해 하나씩 찾아가는 것도 중요하다.

필자가 20년 전 3D 프린터를 처음 접했던 때부터 최근까지 3D 프린터 연구와 개발을 통해 느낀 점은 대변혁은 아무도 인지하지 못할 때 일어난다는 것이다. 지금 세상은 인지를 못하지만 초고속으로 변하고 있다.

이처럼 조선 후기와 같이 선진국과 후진국의 위치가 뒤바뀔 수 있는 이 중요한 시기에 우리는 어떤 준비를 하고 있는지 고민하게 된다. 이 책은 새로운 산업 혁명 시기에 무엇을 준비해야 하는 지를 생각하게 만드는 책이다. 이 책은 2012년부터 집필을 시작해서 매년 내용을 수정하는 작업을 했다. 매년 내용을 수정할 정도로 3D 프린터 산업은 빠르게 변화하고 있다. 내년에도 많은 내용 수정과 교정이 발생할 것이고, 원고를 집필하는 이 순간에도 추가할 내용은 많아지고 있다.

이렇게 빠르게 변화하는 시기에 우리나라의 3D 프린터는 초보 단계인 가정용 FDM 프린터 수준에서 벗어나지 못하고 있다. 산업용 프린터 개발 및 응용 분야를 적극적으로 육성하고 많은 관심을 쏟아야 할 시기이다.

FDM 프린터는 가정용 프린터로, 과거 도트 매트릭스 수준의 프린터이다. 도트 매트릭스 프린터는 인쇄 품질이 떨어져 단순한 출력물을 프린트하는 데에만 사용했다. 그러다 레이저 프린터가 보급되면서 인쇄 품질이 좋아져 DTP(Desktop Publishing) 시장이 열렸다. DTP 시대에 이르러서야 새로운 직업이 생기고, 책을 출판하면서 관련 시장이 전성기를 맞이했다. 3D 프린터도 마찬가지로 레이저 프린터의 역할을 하는 3D 프린터가 개발되고, 이 제품으로 시장이 형성되어야 3D 프린터와 관련된 새로운 직업과 비즈니스가 창출될 것이다.

현재는 레이저 프린터의 역할을 담당하는 SLS 프린터가 개발되기 시작한 산업화의 태동기이다. 필자도 SLS 프린터를 개발하고 국내에 처음으로 설치하는 일을 담당했다. 이제 새로운 시대에 맞춰 시야도 바꾸고 시장 진출 방향도 정해야 한다.

8년 전 시장에는 스마트폰이라는 개념 조차 없었다. 그러나 지금은 누구나 스마트폰을 사용하고 있다. 스티브 잡스의 애플에 의해 급격하게 스마트폰 시장이 형성된 것이다. 3D 프린터도 마찬가지이다. 스마트폰과 같이 순식간에 시장이 형성되고, 그 수요가 폭발적으로 증가할 것이다. 8년 전에 PDA라는 제품이 있었지만 소수가 사용하는 기기였다. 스마트폰의 등장과 함께 PDA도 사라지고, 일반 전화기도 아이폰과 안드로이드폰에 흡수되었다. 스마트폰 시장은 PDA 시장과는 비교할 수 없을 정도로 커졌다. 이 역사처럼 3D 프린터의 역사도 급격한 변화를 맞이할 것이다. 현재 스트라타시스사와 3D 시스템즈사가 PDA 시장과 같은 규모의 매출을 올리고 있다. 레이저 프린터처럼 새로운 형태의 프린터가 출시되면 이 시장이 순식간에 확대될 것이다. 이처럼 좀 더 저렴하고 사용하기 편리한 3D 프린터 제품이 출시될 때를 우리도 대비해야 한다.

· 머리말

앞서 이야기했듯이 새로운 시대에는 새로운 준비가 필요하다. 많은 정보와 지식이 전파되고 다양한 사용자 환경을 만드는데에 이 책이 도움이 되기를 바란다. 이 책은 우리나라의 현실에 맞게 적용하고 세상의 변화에 대해 설명하고 실제로 제작하거나, 제작 과정을 피부로 느낄 수 있도록 쓰는 것이 목적이었다.

필자는 국내에서 3D 프린터를 개발하고, 오픈 소스로 공개했다. 국내 업체에 기술을 제공하고 100회 이상의 제작 교육을 통해 저변을 확대시켰다. 현재 11,000여 명으로 이루어진 전문가 카페와 커뮤니티를 운영하고 있다. 이 카페에서는 국내에서 판매되고 사용되는 3D 프린터 유저들이 가진 정보와 제작한 제품을 동시에 확인할 수 있다.

이 책을 통해 정보의 홍수 속에서 올바른 방향을 잡고, 카페에 게시된 많은 정보를 이해하면 변화의 시대에 알맞은 대응 방향을 찾을 수 있다. 현재 외국에서 벌어지는 일이 우리나라에서도 동시에 일어나는 것으로 만들어 우리나라가 선진국으로 진입하는 것이 필자의 희망이다. 이 일에 독자들도 도움이 되었으면 한다.

마지막으로 이 책이 출간되기까지 많은 도움을 주신 출판사 관계자께 고마운 마음을 전한다.

저자 주승환

차례

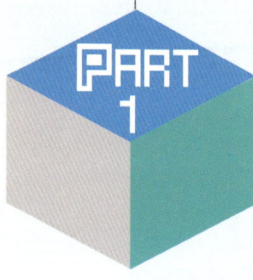

## PART 1 · 3D 프린터란 무엇인가

- 01 3D 프린터의 개요와 일반 정보 010
- 02 시장 현황 및 규모 014
- 03 3D 프린터의 작동방식 021
- 04 3D 프린터에 대한 Q&A, 신사업 혁명 – 3D 프린터 034
- 05 오픈 소스 프린터 시장과 한국의 기술 독립 045
- 06 유저에 맞는 최적의 프린터 고르기 050
- 07 1인 제조업과 3D 프린터 시대의 도래, 기회를 잡아라 060
- 08 3D 프린터의 세상을 변화시키기 위한 전제 조건 064

## PART 2 · 3D 프린터의 주요 이슈

- 01 메탈 프린터 시장의 가능성과 개발 방향 070
- 02 3D 프린터의 워드프로세서(Killer Appication), 3D 스캐너 073
- 03 Windows 8.1과 3D 프린터, 생활 속으로 077
- 04 외국의 3D 프린터 산업 육성 방안과 기술 현황 078
- 05 총기 제조와 3D 프린팅 083
- 06 3D 프린터 정보 얻기 087
- 07 3D 프린터 특허 090
- 08 3D 프린터의 원료 및 국내·외 상황 097

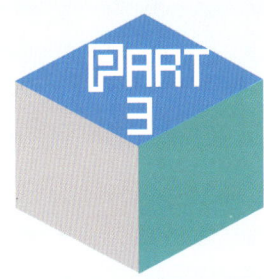

### 3D 프린터 응용 사례

- 01  3D 프린팅 사례 – 일반적인 사례, 패션 등 응용  102
- 02  3D 프린터 응용 사례 – 산업체, 실제 업계 응용 예  123
- 03  오픈 소스를 이용한 프린팅 사례  148
- 04  프린터 서비스업체  155

### 실제 3D 프린터 만들기(실전 활용)

- 01  3D 프린터 시대의 개막과 윌리봇  157
- 02  윌리봇 하드웨어 제작  169
- 03  윌리봇 하드웨어 제작 완료와 튜닝  182
- 04  윌리봇 펌웨어 및 제어 소프트웨어  193
- 05  윌리봇으로 실제 프린팅하기  195
- 06  SLS 방식 3D 프린터의 발전 방향  202

인덱스  206

# 3D 프린터란 무엇인가

01  3D 프린터의 개요와 일반 정보
02  시장 현황 및 규모
03  3D 프린터의 작동방식
04  3D 프린터에 대한 Q&A, 신사업 혁명 – 3D 프린터
05  오픈 소스 프린터 시장과 한국의 기술 독립
06  유저에 맞는 최적의 프린터 고르기
07  1인 제조업과 3D 프린터 시대의 도래, 기회를 잡아라
08  3D 프린터의 세상을 변화시키기 위한 전제 조건

## Chapter 01
## 프린팅의 개요와 일반 정보

3D 프린팅은 3차원으로 디자인된 디지털 도면 정보를 3D 프린터에 입력하여 입체적인 형태로 출력하는 기술이다. 플라스틱, 금속, 석재, 종이 등 대부분의 소재와 색상을 구현할 수 있다. 3D 프린팅을 지칭하는 용어는 크게 3가지이다. 과거에는 RP(Rapid Prototyping, 쾌속 조형), 요즘에는 학문적으로는 AM(Additive Manufacturing, 적층 가공)을 주로 사용하고 일반적으로는 3D 프린팅이라는 용어를 많이 사용한다.

RP는 디자인이나 기능성을 검토하기 위한 시제품 제작을 중심으로 한 개념이다. 초기의 개념으로 요즘에는 잘 쓰지 않으며, 과거에 서적이나 논문에서 사용하는 용어이다. 여기에서 나오는 용어 등이 현재 많이 쓰인다. ME, SLS 등은 Chapter 03에서 설명한다.

AM은 기존의 재료를 자르거나 깎아내는 방법(Subtractive Manufacturing, SM)에서 벗어나 다양한 적층 방법을 통해 3차원의 입체물을 제조하는 방법으로, 제조 공정의 단순화가 가능하다. AM은 기존 생산방식 대비 에너지를 50% 절감할 수 있으며, 원소재를 최대 90%까지 절감할 수 있다. 또 재료인 분말을 재사용할 수 있다는 장점이 있다. 고가의 금속 분야에 많이 사용하고 있다.

기존의 작업 방식인 '용해/주조 → 단조 → 소재(판재, 주조재) → 가공(절단 → 접합 → 열처리 → 표면처리) → 제품'에 비해 '원소재(분말, 와이어) → 제품'으로 진행되는 단순한 구조이다. 최근에는 실제 사용 가능한 제품을 바로 제조하는 개념으로도 사용된다. 미국재료시험학회(American Society for Testing and Materials, ASTM)가 표준 분류를 하였고, 현재 세계 표준기구인 ISO와 공식적인 표준화 작업을 진행 중이다. 우리나라도 세계적인 표준에 맞추어 표준화 작업을 진행하고 있다.

3D 프린터는 대중적인 용어로 RP, AM을 수행하는 기계를 말한다. 디지털 디자인 데이터를 이용하여 소재를 적층(積層)하고 3차원 물체를 제조하는 프로세스(1988년 미국 3D Systems사에서 최초 상용화)이다. 재료를 자르거나 깎아 생산하는 절삭가공과 대비되는 개념으로 공식용어는 적층제조(Additive Manufacturing, AM)이다.

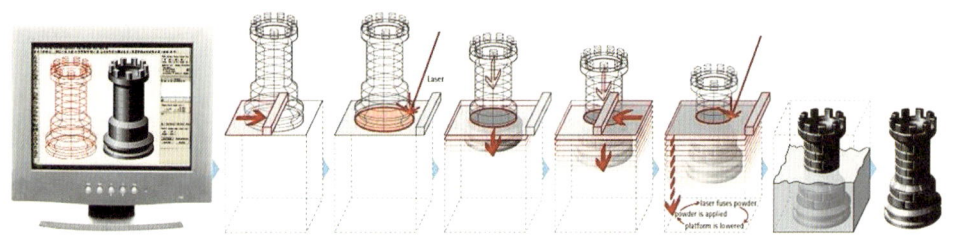

*출처 : EOS 홈페이지(http://www.eos.info/en)

[그림 1-1] EOS사의 금속 3D 프린팅 과정]

3D 프린팅 공정은 모델링, 프린팅, 후처리의 3단계로 구성된다. CAD 등 디자인 소프트웨어나 3D 스캐너를 통한 3차원 디지털 도면을 제작하고 프린팅한다. 이후에 후처리 공정이 이어진다. 서포터 제거, 연마, 염색, 표면재료 증착 등 최종 상품화를 위한 마무리 공정이 이어진다.

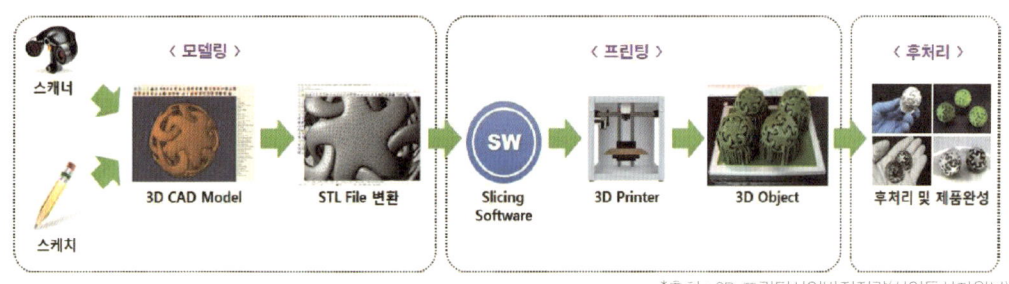

*출처 : 3D 프린팅산업발전전략(산업통상자원부)

[그림 1-2] 3D 프린팅 공정 과정

3D 프린팅은 기존의 제조 공정과 달리 조립비용을 크게 낮출 수 있다는 장점이 있다. 지금도 제조공정을 이용하여 대량 생산방법을 대체하기 위한 연구를 진행하고 있다. 3D 프린팅은 맞춤형 다품종 소량생산에 적합하며 소비자가 직접 상품을 만들 수 있다. 3D 프린팅의 주요 활용 분야로 환자 맞춤형 부품이 필요한 의료분야를 꼽을 수 있다.

[표 1-1] 3D 프린터 활용 분야

| 구분 | 사례 | 비고 |
| --- | --- | --- |
| 소비재 | 식품, 완구, 보석 | 다품종 소량생산 |
| 주력산업 | 자동차, 항공, 기계 | 생산공정 시간, 비용 절감 |
| 의료 | 인공 장기, 수술용 인공기관, 치아 임플란트 | 환자 맞춤형 의료 서비스 |

*출처 : 3D 프린팅산업발전전략(산업통상자원부)

3D 프린팅은 의료, 항공부품, 건축 등 거의 모든 제조분야에 적용되고 있으며 기존의 RP가 적용되었던 자동차, 의료, 산업용 기계, 교육, 건축 및 소비재 산업부분에 큰 영향을 끼치고 있다. 아래 그림은 시장조사 전문 기관인 홀러 리포트(Wohlers Report)에서 제시한 3D 프린팅의 적용 분야를 나타낸 것이다.

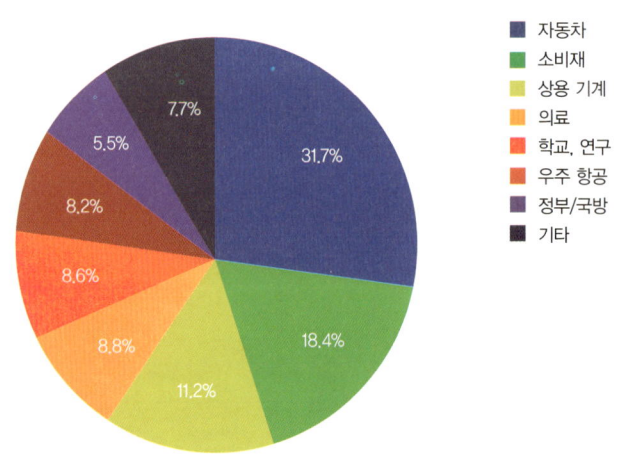

*출처 : 홀러 리포트

[그림 1-3] 3D 프린팅의 적용 분야

[표 1-2] 3D 프린터의 재료에 의한 분류

| 재료 형태 | 재료 종류 | 조형 방식 | 제품 예 |
|---|---|---|---|
| 액체 기반형 | 액체 형태의 재료 | 레이저나 강한 자외선으로 재료를 순간적으로 경화시켜 형상 제작 | 미국 3D Systems사의 SLA 시스템 |
| 분말 기반형 | 미세한 플라스틱 분말(Powder), 모래, 금속 성분의 가루 등 | 분말 형태의 재료를 가열한 후 결합하여 조형. 재료의 형태에 따라 접착제를 사용하거나 레이저를 사용함 | 미국 3D Systems사의 SLS 시스템, 독일 EOS 시스템 |
| 고체 기반형 | 와이어(Wire) 또는 필라멘트 형태의 재료 | 필라멘트 등의 열가소성 재료를 열을 가해 녹인 후 노즐을 거쳐 압출되는 재료를 적층하여 조형 | 미국 Stratasys사의 FDM 시스템 |
| | 왁스(Wax) 성질을 가진 패럿(작고 둥근 알 또는 공 모양의 알갱이) | 헤드에서 재료를 녹여 노즐을 통해 분사 | 이스라엘의 Object사의 polyjet 시스템 |
| | 얇은 플라스틱 시트나 필름 형태의 재료 | 플라스틱 시트를 접착하면서 칼을 사용해 절단 후 적층하여 조형 | 미국 Helisys사의 LOM 시스템 |

\*출처 : 정보통신산업진흥원

## Chapter 02
## 시장 현황 및 규모

3D 프린팅은 2000년대 후반 이후 전세계적으로 미래유망기술로 주목 받기 시작했다. 3D 프린팅은 시제품 제작 비용 절감, 다품종 소량 생산에 큰 강점을 가진 분야이다. IT 컨설팅 업체인 가트너(Gartner)사는 2007년부터 3D 프린팅을 미래유망기술로 선정하고, 기술 성숙도와 시장에서의 기대, 사업성 및 방향성을 평가했다. 또 향후 5년 내 크게 발전할 기술이라고 전망한다.

2013년 미국의 MIT에서는 10대 혁신 기술의 한 종류로 3D 프린팅 기술(Additive Manufacturing)을 선정했다. 아울러 컨설팅 전문 업체인 멕킨지(McKinsey), 삼성 경제연구소에서도 3D 프린팅을 미래의 주요 기술로 발표했다. 전세계의 여러 기관에서 3D 프린팅에 많은 관심과 의견을 갖고 있음을 알 수 있다.

또한 「제3차 산업혁명(The Third Industrial Revolution)」의 저자이자 워싱턴경제동향연구재단의 설립자 겸 이사장인 제레미 리프킨(Jeremy Rifkin)은 프린팅 기술이 기존의 대량 생산체제에서 협업 디지털 제조로, 개인도 쉽게 제조업을 수행할 수 있는 핵심 기술이라고 이야기한다. 이것은 3차원 프린터 기술이 제3차 산업혁명의 핵심 기술이 될 것이라고 전망하는 것이다.

3D 프린팅을 활용하여 시제품을 제작하면 별도의 금형(金型)이 필요 없기 때문에 제작 비용을 줄일 수 있다. 또 사내 제작을 통해 사내 기밀의 유출 가능성도 차단할 수 있다. 3D

프린팅의 또 다른 장점은 소량만 생산하더라도 3D 디자인 파일만 있으면 디자인이 조금씩 다른 제품을 생산해도 추가비용이 거의 발생하지 않는다는 것이다.

이처럼 미래기술 예측과 관련하여 각국에서 3D 프린팅에 대한 관심과 투자가 급증하고 있는 것을 알 수 있다. 가트너 그룹이 예측한 것처럼 3D프린팅 기술은 향후 10년 내 실현 가능한 기술 중 기대치가 가장 높은 기술이며 최고의 발전 가능성을 가진 기술이다.

전세계의 흐름에 발맞춰 미국 내에서도 3D 프린팅에 대한 관심이 시작되었다. 내수 제조업 부흥을 위해 정부 차원에서 3D 프린팅의 중요성을 인식하고, 정책적 지원을 강화하고 있다. 그 결과 미국 15개 첨단 제조연구소 건립 계획이 하원 회의를 통과했고, 10억 달러 규모의 투자 계획을 발표 했다(2012. 03. 09. 기준).

이 투자의 목적은 중국, 인도 등으로 이전했던 제조 전진기지를 미국으로 회귀시켜 미국 내 고용과 경제를 회복시키고, 3D 프린팅 기반의 차세대 제조기술을 개발하는 것이다. 향후에는 3D 프린팅 관련 제조기술의 연구/개발, 제조 디자인, 디자인 데이터베이스 및 3D 프린팅 출력 지원 에코시스템 구축, 관련 플랫폼의 개발로 이어질 예정이다.

이처럼 기술 투자를 통한 3차 산업혁명으로서 3D 적층 제조 기술 개발 가속화와 함께 3D 프린터 보급지원/제조 프로세스 기준안 마련 등 민관 협력을 통해 시장확산의 기폭제를 마련하기 위해 노력 중이다. 아래는 전세계 주요국가의 정책 동향을 나타낸 표이다.

[표 1-3] 주요국 정책 동향

| 국가명 | 주요 정책 |
|---|---|
| 미국 | • 중국, 인도 등 저임금 국가로 이전된 제조업의 부활을 위해 3D 프린팅 기술 개발 및 인프라 조성에 집중 투자 |
| | • 3D 프린팅 산업육성을 위해 10억 달러 투자 발표(2012.08) |
| | • 3D 프린팅 기술발전을 위한 전문 연구기관(NAMII) 설립(2012.08) |
| | • 3D 프린팅 테크벨트 건설(7천만 달러) : 오하이오-웨스트버지니아 |

| 국가명 | 주요 정책 |
|---|---|
| 중국 | • 산학협력 가속화 및 산업표준 제정을 위한 3D 프린팅 기술 산업연맹 설립, 대학과 기업을 연계한 기술개발 추진 |
| | • '국가발전 연구계획' 및 '2014년 국가과학기술 프로젝트 지침'에 3D 프린팅을 포함시켜 기술개발에 총 4천만 위안 투자(4개 프로젝트 추진 중) |
| | • 3D 프린팅 혁신센터(R&D) 구축 : 총 10개 구축 예정 |
| EU | • 2020년까지 GDP 중 제조업 비중을 늘리기 위해(16%→20%) 3D 프린팅 기술을 주요 수단으로 설정, 전략 개발 및 투자 논의 중 |
| | • 영국 : 정부 산하 기술전략위원회, 연구위원회에 3D 프린터 기술 분야 18개 R&D 프로젝트 지원(840만 파운드, 2013.06) |
| | • 영국 : 초·중등 교육과정에 '디자인과 기술' 과목 도입, 장비 공공구매 유도 |
| | • 프랑스 : 프라운호퍼 인공혈관 제조기술개발 추진, 2011년 프린팅 성공 |
| 일본 | • 미국 및 유럽에 비해 뒤처진 3D 프린터 산업을 추격하기 위해 소재 부문 기술 개발에 집중 투자(5년간 총 30억엔) |
| | • 모래형 소재 및 해당 소재 출력용 프린터 개발 중(2013.05~현재) |
| | • 경쟁력 강화 방안 및 기술 로드맵 발표 예정(2014.04) |
| | • 중등, 대학 장비 구입 보조금 2020년까지 2조 2천 8백 엔 조원 마련 추진 |

*출처 : 3D 프린팅산업발전전략(산업통상자원부)

우리나라 정부는 미래창조과학부와 산업통상자원부가 합동하여 2014년 4월 23일 3D 프린팅 산업 발전 전략을 발표했다. 2014년 7월 16일 국가 기술발전 로드맵 위원회를 결성했다. 필자도 장비 분야의 로드맵 위원으로 위촉되어 플라스틱 압출형 분야(ASTM 분류 기준, Material Extrusion)를 총괄하여 계획을 수립 중이다. 다음은 2020년 글로벌 선도 국가를 위한 비전과 목표를 간단히 설명한 표이다.

[표 1-4] 2020년 글로벌 선도 국가를 위한 비전과 목표

| 비전 | 2020 3D 프린팅 글로벌 선도 국가 도약 | |
|---|---|---|
| 목표 | 글로벌 선도 기업 육성<br>(장비, 소재, SW 분야 등) | 2013년 無 → 2020년 5개 |
| | 시장점유율 제고(글로벌 시장 대비 비중) | 2012년 1.7% → 2020년 15% |
| | 독자 기술력 확보<br>(최선도국 대비 특허출원 비중) | 2012년 6.3% → 2020년 20% |
| 추진 전략 및 세부 추진 과제 | 수요연계형 성장기반 조성 | • 기업 제조혁신 지원 |
| | | • 국민참여 환경 조성 |
| | | • 기초 및 전문 인력 양성 |
| | 비즈니스 활성화 지원 | • 비즈니스 모델 발굴 및 사업화 지원 |
| | | • 3D 프린팅용 콘텐츠 시장 활성화 |
| | | • 창업 및 글로벌 진출 지원 |
| | 기술 경쟁력 확보 | • 수요 연계형 전략기술 로드맵 수립 |
| | | • 3D 프린팅 소재, 장비, 기술 개발 |
| | | • 3D 프린팅 SW 기술 개발 |
| | 3D 프린팅 관련 제도 개선 | • 법, 제도 개선 |
| | | • 3D 프린팅 설비 및 유통환경 보안 강화 |

*출처 : 미래창조과학부

3D 프린팅 시장의 규모와 전망은 홀러리포트 기준으로 2012년에는 22억4천만 달러, 2013년에는 30억7천만 달러 34.7% 성장했다. 이는 17년 동안 최고 성장을 기록했다. 향후 더 성장할 시장이지만, 언론 보도나 대중의 관심에 비하면 아주 작은 시장이다. 현재는 초창기이므로 시장을 선점하려면 정부와 많은 업체의 투자가 이루어져야 한다. 현재는 프린터의 가격이 고가이므로 시장의 규모가 작지만, 프린터 가격이 하락하고 상품이 디지털화되면 급격하게 성장할 것이라 예측된다. 3D 프린터 시장은 과거 아이폰에 의해 스마트폰 시장이 급격히 확대된 것처럼 특정한 계기로 인해 순식간에 확장될 가능성이 높다. 따라서 이에 대한 꾸준한 연구 및 개발을 위한 투자와 시장 확장을 위한 인력 양성이 필요하다. 세계적으로 3D 프린팅 시장은 2018년에 108억 달러 규모로 전망되며, 3D 프린팅으로 제조된 제품의 가치를 더할 경우 그 규모는 더욱 커질 전망이다. 현재 3D 프린팅 시장의 규모와 전망은 다음 표를 통해 알아볼 수 있다.

### 세계의 3D 프린팅 산업 현황

| 조사 기관 | 시장 예측 |
|---|---|
| 홀러스어소시에이츠 | 2021년, 108억 달러 |
| 캐널리스 | 2018년, 162억 달러 |
| 럭스리서치 | 2025년, 84억 달러 |

| 국가 | 시장 점유율 |
|---|---|
| 미국 | 77% |
| 독일 | 11% |
| 중국 | 2% |
| 한국 | 2% |
| 일본 등 기타 | 8% |

**맥킨지(Mckinsey)**
3D 프린팅이 2025년 경 3.2억명의 글로벌 제조업 고용과 11조 달러의 글로벌 제조업 GDP를 창출할 것

| | 미국 | 유럽 | 일본 | 중국 | 한국 |
|---|---|---|---|---|---|
| 특허건수 | 1,864 | 987 | 619 | 601 | 507 |
| 비율 | 33% | 18% | 11% | 11% | 9% |

2013년까지 20년간 누계 특허 출원

*출처 : 국회 입법 조사처

[그림 1-5] 세계의 3D 프린팅 산업 현황

위 그림에서 알 수 있듯이 시장규모가 특별한 변화가 없는 한 2020년 기준으로 100억 달러 이상의 시장으로 성장할 예정이다. 우리나라의 시장 점유율은 전세계 시장 기준으로 비율은 2%이다. 이밖에도 누적 특허 건수가 연구 개발 현황을 나타내고 있다.

개인용 3D 프린팅 시장은 총 판매량은 2010년에 5,978대, 2012년에 35,508대, 2013년에 98,255대로 증가했다. 개인용 시장의 규모는 2013년 홀러리포트 기준으로 2012년에

1,200억 달러였지만 2018년에는 5,900억 달러 규모로 성장할 전망이다. 개인용 3D 프린팅 시장은 오픈 소스(Open Source)로 출발한 랩랩 프로젝트(Reprap Project), 이로부터 파생된 메이커봇(Makerbot), 3D 시스템즈(3D Systems)가 시장의 대부분을 형성하고 있다.

국내에서는 윌리봇(WillyBot)이 등장하여 2013년에 1,000대를 판매했다. 윌리봇을 통해 국내에서 유일하게 3D 프린터 제작 교육이 시작되었다. 현재 100회가 넘는 오픈 소스 프린터 제작 교육이 이루어져 많은 3D 프린터 업체가 생겨났으며, 국내 시장이 활성화되는데 기여했다고 볼 수 있다.

산업용 3D 프린팅은 산업 전반에 걸쳐 모든 제조 분야에 적용되고 있으며, 특히 소형제품 및 가전에 가장 많이 적용된다. 3D 프린팅은 소형 제품 중에서도 기능 부품 및 조립 부품 제작에 가장 많이 이용되고 있다.

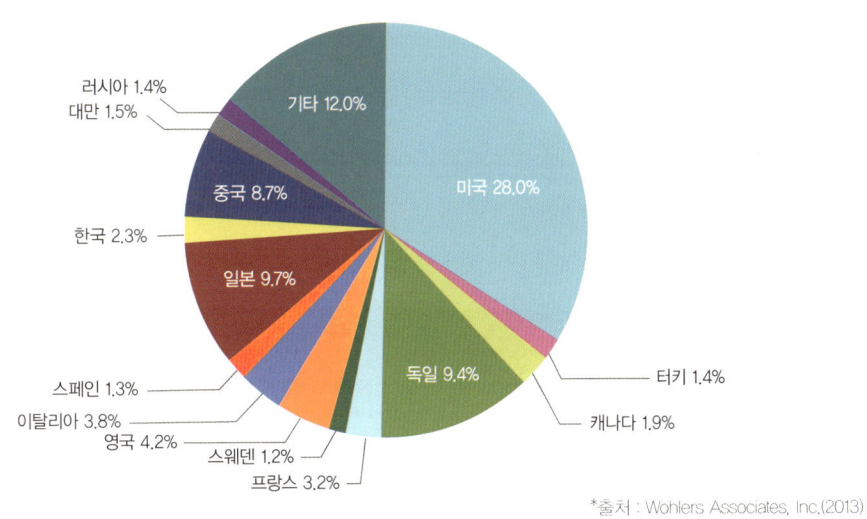

[그림 1-6] 국가별 누적 설치 대수(1988~2012)

위 그림은 산업용 3D 프린팅의 국가별 누적 설치 대수를 표시한 것이다. 미국이 가장 활발하게 적용하고 있으며 전체에서 38%를 차지한다. 일본과 독일이 뒤를 이어 3D 프린팅 시장 점유를 하고 있다. 한국은 2.3%를 차지한다. 3D 프린팅 시장은 1990년대 초반 이후 지속적으로 성장하고 있으며, 최근 급격하게 성장하고 있다.

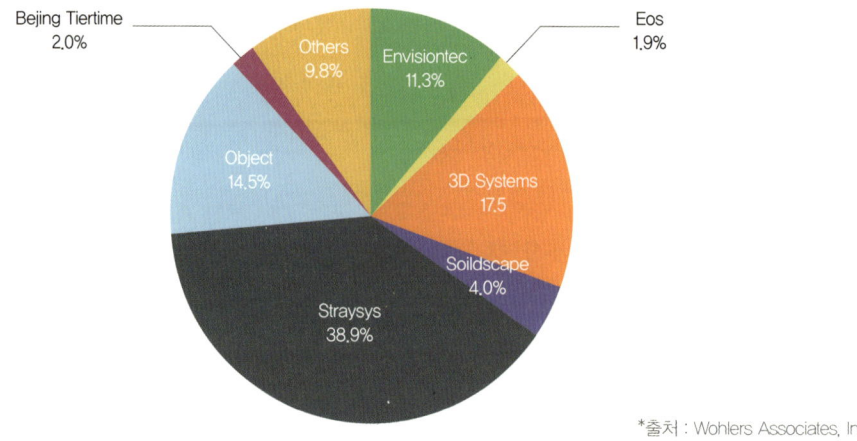

[그림 1-7] 산업용 3D 프린팅 시장의 업체별 점유율

산업용 3D 프린팅 시장은 스트라타시스(Stratasys, 38.9%)사, 3D 시스템즈(3D Systems, 17.5%)사 순으로 시장을 점유하고 있다. 특히 스트라타시스사가 3D 프린팅 시장을 주도하고 있으며, 2011년에는 총판매량이 6,500대를 기록했다. 평균 판매가격은 73,220달러에 거래되고 있다. 상위 10개 중 3개 기업(오브젯 Objet, 엔비전텍 Envisiontech, 베이징 티어타임 Beijing Tiertime)을 제외하면 미국 기업의 점유율이 64.4%로, 꽤 높은 비중을 차지하고 있다.

스트라타시스사는 2012년에 오브젯(Objet Geometries, Ltd.), 메이커봇사와 합병하여 세계 1위의 3D 프린팅 회사로 거듭났다. 특히 핵심특허인 FDM(Fused Deposition Modeling)과 잉크젯 기반의 폴리젯(Polyjet) 기술을 보유하게 되어 더 큰 성장이 예상된다.

# Chapter 03
# 3D 프린터의 작동 방식

3D 프린터에 대한 관심이 많지만 해당 기술과 전망에 대해 명확한 답을 내놓는 전문가가 부족한 것이 우리나라 3D 프린터 업계의 현실이다. 순수 국내 기술로 3D 프린터 시장에 도전하고 있는 필자는, 2D 프린터 시장과 3D 프린터 시장의 기술적 변화를 비교하며 우리 앞에 새로운 기회로 등장한 3D 프린터의 기술적 맥락을 설명할 것이다.

3D 프린터로 세상이 떠들썩 하지만 일부 전문가를 제외하고는 이 분야에 대해 많은 것을 아는 사람이 별로 없다. 가장 큰 이유는 3D 프린터의 개념이 어렵다고 느끼기 때문이다. 3D 프린터가 어렵다고 느끼는 이유는 크게 두 가지이다. 첫 번째는 재료가 다양하기 때문이다. 우리가 가정과 기업에서 흔하게 사용하는 2D 프린터는 재료가 잉크 또는 토너로 명확히 구분할 수 있다. 하지만 3D 프린터는 금속, 세라믹, 플라스틱 등 재료의 종류와 특징이 매우 다양하다.

두 번째는 작업이 복잡하여 쉽게 접근할 수 없기 때문이다. 2D 프린터는 워드 프로세서나 2D 그래픽 소프트웨어로 작성된 문서나 도면이 보이는 그대로 출력된다. 그러나 3D 프린터는 그렇게 단순하지 않다.

3D 프린터는 2D 프린터가 포스트스크립트[*1](Postscript, 출력기술 언어)를 사용하듯 G-code[*2]와 슬라이싱[*3](Slicing)을 사용한다. 바로 이 출력기술 언어의 사용법이 다양하고, 대중들에게 잘 알려지지 않아 더욱 복잡하게 느끼는 것이다. 그 외에도 3차원 프린팅 과정에서 수평 조정 등의 문제도 발생하여 더욱 복잡하다고 느끼게 된다.

따라서 3D 프린터의 출력방식을 알아보는 것이 우선이다. 3D 프린터의 출력방식은 크게 ME/FDM 방식과 광경화성 수지를 이용하는 PP 방식이 있다. 이 방식에 세부 기술로 DLP, SLA로 나뉜다. DLP(Digital Light Process) 방식, SLA(StereoLithography Appartus) 방식, SLS(Selective Laser Sintering) 방식이 가장 대표적이다. 이 방식을 하나씩 알아보자. 다음 설명은 현재 가장 많이 사용하는 용어를 위주로 설명한다.

## ME/FDM(Fused Deposition Modeling) 방식

ASTM은 Material Extgrusion이라고도 하며, 오픈 소스 진영에서는 FFF 방식이라고도 한다. 플라스틱을 한 층씩 쌓아 올리는 방식으로, 스트라타시스사가 처음 발표했다. 스타라타시스사가 관련 특허를 보유하고 있었으나 현재는 특허가 만료되어 누구나 사용할 수 있다. FDM이라는 용어가 스트라타시스사의 제품명이기도 하다. 이처럼 특허가 만료되면서 오픈 소스 프린터도 등장하고 있다. 외국 제품으로는 메이커봇이나 얼티메이커(Ultimaker), 국내 제품으로는 윌리봇(WillyBot), 에디슨 등이 발표되었다. ME 방식은 가정용과 소규모 비즈니스 운영자들이 주로 사용하며 가격대는 150~170만 원 정도이다.

최근에는 국민 3D 프린터(모델명 WCK) 등장으로 가격대가 많이 하락했다. 이 제품은 오픈 소스 프루사 i3를 기반으로 대량 생산용으로 개발이 되어 가격대가 20만 원 대까지 하락했

---

[*1] 포스트스크립트 : 컴퓨터 상에서 작업된 데이터, 즉 글꼴이나 그래픽 등을 출력용 정보로 변환하여 프린터 등의 인쇄 장치를 통해 표현해 내는, 어도비(Adobe)사에서 개발한 페이지 기술 언어이다.
[*2] G-code : CNC 공작기계에서 기계 가공이나 이동을 나타내는 코드. 3D 프린터에서 이 코드를 사용한다.
[*3] 슬라이싱 : 3프린팅할 물체를 단면으로 한층씩 잘라내는 기술. 잘라낸 부분을 하나씩 적층해서 프린팅한다.

지만, 성능은 150~170만 원 제품과 차이가 거의 나지 않는다.

플라스틱 재료는 주로 ABS와 PLA(Poly Lactic Acid) 친환경 플라스틱이다. 국내에서는 많이 개발 되고 있는 분야이다. 윌리봇이 국내 최초로 오픈 소스로 박스형 프린터로 출시되었다.

ME 방식은 산업용으로도 많이 사용하고 있다. 현대 자동차 모비스의 경우 ME 산업용 기종인 스트라타시스 제품과 SLA 방식인 프린터로 부품 제작 작업을 하고 있다. 주로 차량의 대쉬보드 등을 만들고 있다.

국내에서는 여러가지 대형 제품이 출시가 되고 있다. 윌리봇이 800×300×300㎜ 규격의 산업용 제품을 개발해서 출시했으며 엔터봇(EnterBot) 등 여러 회사에서도 대형 제품을 출시하고 있다.

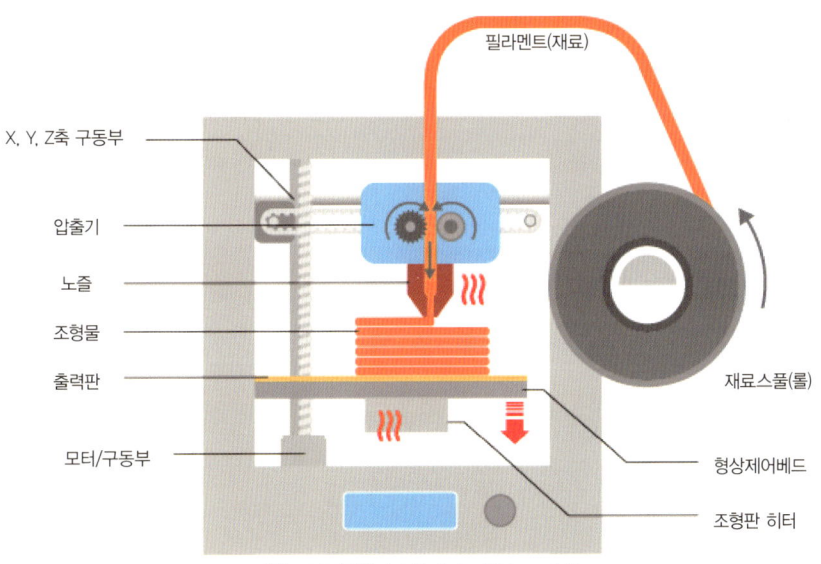

*출처 : 3D Solution Veltz3D, 헵시바(주)

[그림 1-8] ME 방식

## PP 방식

Photopolymerization으로 지칭이 되며, ASTM에서 광경화성 수지를 통해서 만드는 방식을 정의 하였다. 이 방식은 DLP 방식과 SLA 방식 2가지로 분류를 한다.

## DLP 방식

DLP 방식은 프로젝터의 광원에서 자외선(Ultraviolet Ray, UV)을 이용하여 UV 경화성 수지를 경화시키며 프린팅하는 방식이다. 프로젝터에서 컬러 필터를 제거하여 UV를 발광하고, 단층으로 슬라이싱된 화면을 하나씩 비춘다. 이때 화면에 UV로 디스플레이된 부분만 경화시키고, 한 층씩 쌓으며 프린팅하는 방식이다. ME 방식에서 한 층씩 노즐로 그려나가는 것을 한 화면씩 비추며 경화한다.

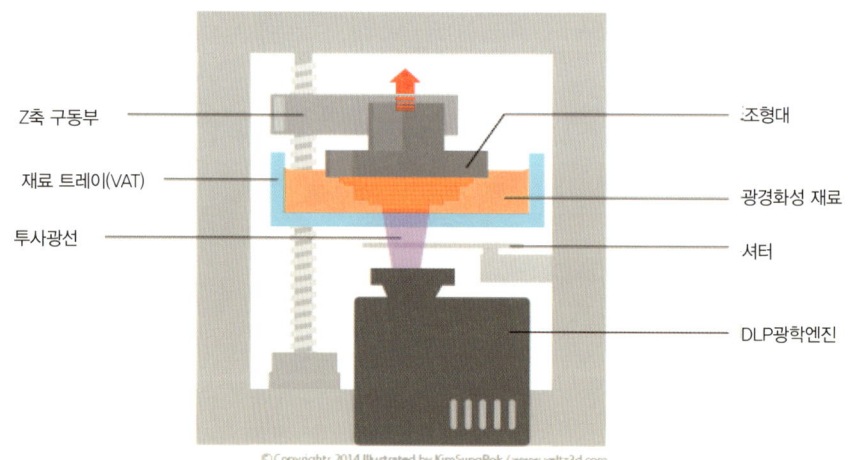

*출처 : 3D Solution Veltz3D, 헵시바(주)

[그림 1-9] DLP 방식

속도는 정밀도에 따라 달라진다. 동일한 정밀도에서는 ME 방식보다 좋을 수 있지만 정밀도가 높아 1mm를 찍을 때 여러 번 찍어 속도는 차이가 없다. 국내 업체로는 캐리마, 헵시바가 있고, 외국에서는 엔비전텍이 있다. 상업용은 수천만 원 대이지만, 오픈 소스 프린터는 가격대가 50만 원 대까지 하락했다.

*출처 : 엔비전텍 홈페이지(http://envisiontec.com/)

[그림 1-10] 엔비전텍의 출력물

DLP 방식은 프로젝터의 도트를 줄인 형식이기 때문에 작은 제품을 출력할 수 있다. 그래서 보석류나 의료용 소재에 사용한다. 3D 프린터는 고강도 플라스틱, ABS 플라스틱 강도, 투명, 왁스 등이 있다. 이 외에도 모든 재료를 사용할 수 있을 만큼 활용도가 높다.

# SLA 방식

SLA는 Stereolithography의 약자이다. 미국의 3D 시스템즈사가 특허를 가지고 있는 방식으로, 현재 가장 활발하게 판매되고 있다. 광경화용 수지를 굳히는 레이저를 사용하고, UV 레진을 재료로 사용한다. 아래에서 살펴볼 SLS 방식과 다른 점은 레이저 광원이 강하지 않아도 된다는 점이다. 이 점은 가격과 관련되어 SLS 방식에 비해 저렴하게 이용할 수 있다는 장점이 있다. SLS 방식에 비해 저렴하지만, 상업용 제품의 가격대는 현재 평균 3억5천만 원 정도이다. 또 이용하는 재료의 양이 많아 재료비도 만만치 않다. 기존 방식에 비해 정밀도가 높아 DLP 방식에 비해 큰 시스템을 만들 수도 있다.

SLA 방식은 레이저 소스에서 스캐너 시스템을 이용하여 X, Y축을 고속으로 이동한다. 레진 속의 Z축을 한 층씩 이동시켜 적층한다. 현재 가장 많이 사용되는 방식이고, 큰 제품도 프린트가 가능한 것이 DLP 방식과 다르다. 단점은 저가형의 경우 UV 레진의 강도가 낮아서 ME 방식이나 SLS 방식처럼 프린트된 제품을 바로 사용할 수 없다는 점이다. 고가의 제품은 레진의 종류가 많아 재료의 다양성이 크다. 대표적인 업체는 3D 시스템즈 사와 일본의 CMET 사이다.

저가형의 경우는 300~400만 원대의 Form1 사의 제품이 있다. 현재 저가형으로는 가장 많이 팔린 제품이다. 오픈 소스 형태로는 20~30만 원대의 제품도 출시 예정이다.

위 그림과 같이 레이저 광원에서 UV를 경화하는 레이저 광원을 발생시키고, 스캐너 시스템을 통해서 X, Y축의 좌표를 이동시킨다. 한 화면을 레이저로 조사하면 원하는 형체의 한 면이 완성이 된다. 그 다음에는 Z축을 한 칸 내리고 다시 조사하는 방식으로 조형물을 완성한다.

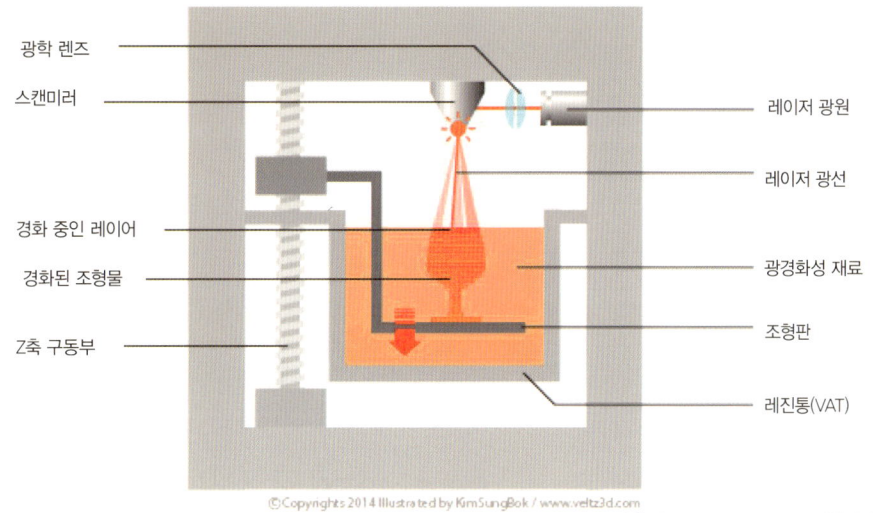

[그림 1-11] 그림 SLA 방식

## SLS 방식

SLS는 Selective Laser Sintering의 약자이며, '선택적 레이저 소결'로 번역하지만 영문 약자를 더 많이 사용한다. 분말 형태의 입자를 강한 에너지로 녹이거나 부분적으로 녹이고 붙여 소결하는 방식으로, 주로 금속 분야에서 많이 사용한다. 레이저 소스에서 스캐너 시스템을 거쳐 X, Y축으로 이동하기 때문에 일반적인 기계 이동보다 속도가 빠르다. 스캐너를 사용하는 방식과 저가형의 경우는 X, Y 직교 로봇을 사용하기도 한다.

SLS 방식은 Z축의 이동과 파우더를 한 층씩 쌓아 올리는 방식이 특이하다. 파우더를 저장하는 부분이 왼쪽에 있고, 오른쪽이 작업하는 공간이다. 작동 방식은 왼쪽의 저장 부분을 한 층 올리고, 오른쪽 작업 공간을 한 층 내린다. 이후에 왼쪽에 올라간 부분의 파우더를 미는 롤러나 블레이드(Blade, 칼 같은 형태로 분말을 골고루 도포할 때 사용)를 이동해서 오른쪽 공간에 평평하게 한 층을 쌓아 올린다. 이후에 레이저로 X, Y 평면을 레이저로 조사한 다음 굳혀서 형태를 만들고 다시 Z축을 하나씩 내린다. 이 방식으로 물체를 만든다.

이 방식의 특허는 2014년 2월에 만료되었다. 가격은 플라스틱이 3억5천만 원, 금속은 10억 원대, 주물사는 부대시설까지 합하면 15억 원까지 올라간다. 국내에는 생산기술연구원 인천본부에서 주물사 프린팅 서비스를 독일 EOS사 장비로 사용하고 있다. 금속의 경우 치과 의치 크라운 생산용으로 현재 6대 정도 국내에서 사용 중이다. 의료용으로 많이 사용하는 ARCAM 장비는 생산기술연구원 강원본부에 설치되었다. 최근에는 중앙대학교 의과대학, 생산기술연구원, 부산대가 합동하여 의료용 임플란트 연구에 사용하고 있다. 필자도 이 연구에 동참하여 의료계와 3D 프린터 간의 협업을 진행 중이다.

SLS 방식은 모든 금속 및 플라스틱, 주물사 등의 소재를 사용할 수 있다. 플라스틱은 나일론 계열의 소재를 사용할 수 있기 때문에 의류, 패션, 액세서리, 스마트폰 케이스 등을 직접 만들어서 착용이나 사용할 수 있는 제품을 출력할 수 있다. 출력 후 분말을 분리하면 즉시 사용할 수 있어 후처리가 필요 없는 것이 특징이다. 또 나일론은 염색성이 좋아서 다양한 색깔을 표현할 수 있다.

또 SLS 방식은 내구성이 우수하여 출력물을 판매할 수 있다. 현재 3D 프린팅 서비스업체에서 SLS 방식으로 프린팅하는 서비스를 진행 중이다. 대표적인 서비스 업체인 셰이프웨이사는 이 방식 기계가 제일 많다.

플라스틱 기술은 미국이 강하고 금속 기술은 유럽이 강하다. 유럽 제품인 EOS사의 P 시리즈는 플라스틱도 강한 제품이다. 금속에서는 독일이 세계적인 기술을 가지고 있다. EOS사와 콘셉트 레이저(Concept Laser)사가 대표적이다. 미국의 3D 시스템즈사는 프랑스의 금속 프린터 업체인 피닉스사를 합병하여 다양한 제품을 판매하고 있다.

국내에는 필자가 개발하여 3D월드㈜사에 판매를 맡긴 SLS 프린터가 있다. 국내에서 최초로 개발되어 2015년 2월 한양대학교에 납품되었다. 추후 국책연구소인 생산기술연구원에서도 사용할 예정이다. 이 방식의 레이저 SLS 프린터가 납품된 예는 전세계적으로도 최초이다.

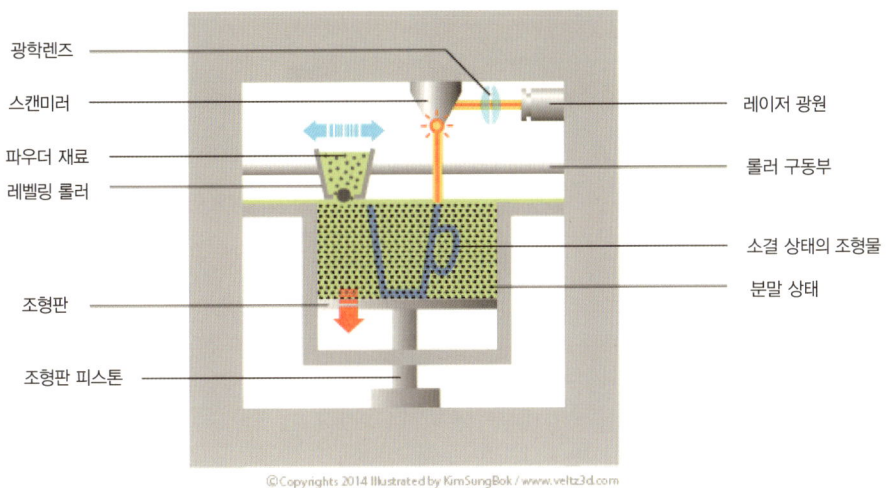

[그림 1-12] SLS 방식

지금까지 상용화되고 있는 3D 프린터의 4가지 주요 방식을 살펴보았다. 다소 어렵게 느낄 수 있지만 가정·개인용에서는 ME 방식, 레이저 광원과 나일론과 금속원료가 주축인 SLS 방식으로, 두 가지로 상용화되고 있고, 기술적 대표성이 바뀌고 있다는 사실만 알아도 충분하다.

그 외 국내에서는 잘 사용하지는 않지만 항공 분야에서 대형 구조물, 금속을 프린팅하는 DED 방식(Direct Energy Deposition)이 있다. 이것은 용접 기술에서 발전하여 직접 분말을 공급하면서 녹여 붙이는 방식이다. 독일의 트럼프사, 미국의 옵토맥(Optomec)사, 국내에는 인스텍사가 공급하고 있다.

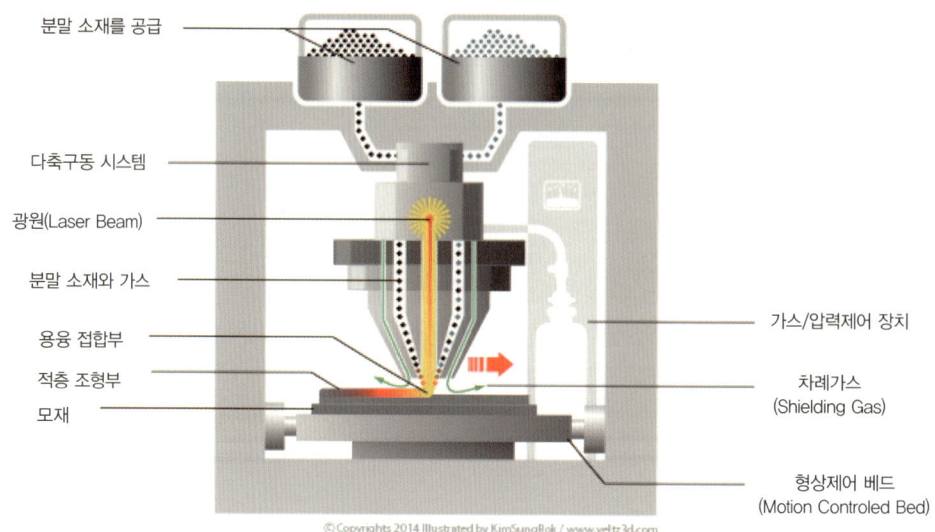

[그림 1-13] DED 방식

## 잉크젯, 3DP 방식

ASTM의 공식 명칭은 바인더 제트 프린팅이다. 잉크젯 방식으로도 알려져 있다. 잉크젯 방식은 컬러로 출력할 수 있다. MIT에서 개발된 3DP(3D Printing) 기술로 알려져 있다. 특허권은 ExOne company, Z Corp(2012년에 3D 시스템즈에서 인수), 복셀젯(Voxeljet)사가 실시권(實施權)을 가지고 판매하고 있다.

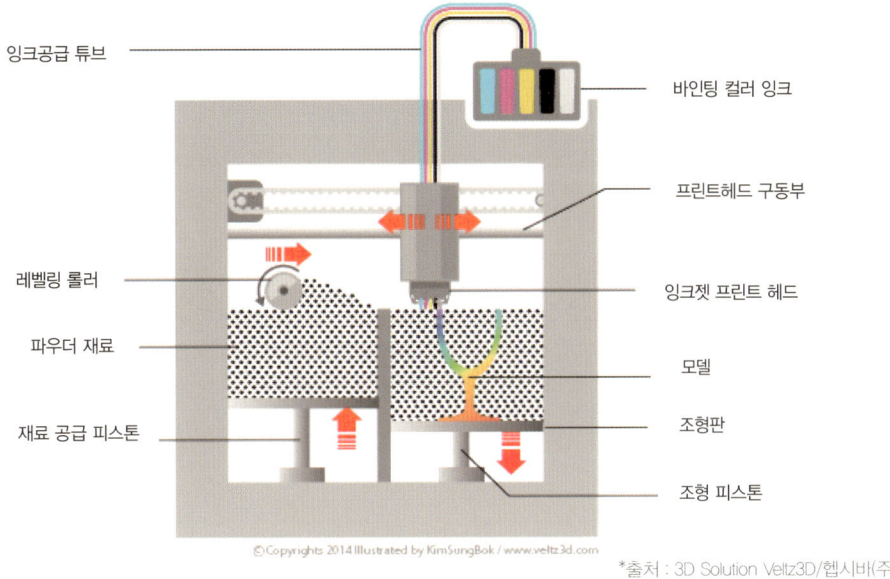

[그림 1-14] 3DP 바인더젯, 잉크젯 방식

## Material Jet/Polyjet 방식

전세계적으로 가장 많이 팔리는 프린터이다. 가격대도 2014년 판매가 기준으로 1억 원대로, 비교적 저렴하여 가장 많이 사용하지만 우리나라에서는 개발이나 설명에서 소외되는 경향이 있다. 대표적인 제품은 3D 시스템즈사의 Z프린터, 스트라타시스의 오브젯이다. 정밀도가 뛰어나서 의료용 모델 제작이나 일반 모델 제작 등에 많이 쓰인다. 광경화성 수지를 노즐로 분사한 다음 자외선으로 경화하는 방식이다.

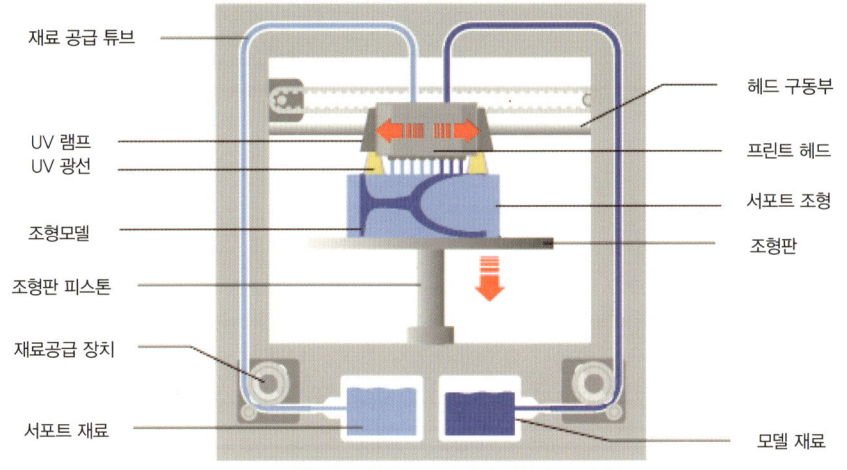

[그림 1-15] Material Jet/폴리젯 방식

그 외에 종이나 금속을 이용해서 한 장씩 잘라내고 붙여서 형체를 출력하는 선형분사 (Laminated Object Manufacturing, LOM) 방식이 있다. 이 방식은 주로 큰 주물 틀을 만들 때 활용하며 현재는 잘 사용하지 않는다.

## 2D 프린터 vs. 3D 프린터

다음은 2D 프린터와 3D 프린터의 가공 방식과 미래를 비교해 보자. 모든 사람들이 알고 있듯이 2D 프린터의 원료는 잉크와 토너이다. 그러나 3D 프린터의 재료는 금속, 플라스틱, 유리, 세라믹 등 우리가 생각하는 모든 원료가 될 수 있다. 금속에 다양한 가공 방식이 있듯 각 재료별로 프린팅 방식이 다를 수밖에 없다. 그래서 다양한 방식으로 나뉘어지는 것이다.

2D 프린터의 역사를 비춰보면 도트 프린터가 잉크젯과 레이저 프린터의 대중화에 따라 퇴출된 것처럼 3D 프린터의 방식도 원료 압출형 ME 방식의 프린터는 퇴출될 가능성이

높다. 이와 반대로 레이저 프린터에 해당되는 SLS 방식의 프린터가 저렴한 가격을 앞세워 대중화될 가능성이 높다. 프린팅 대행 업체인 킨코스(Kinko's)가 전 미국에 체인을 넓히다가 2004년에 페덱스와 합병된 것처럼 기술 및 유통의 변화에 따라 사업영역도 바뀌거나 재편되는 일이 벌어질 것이라 예상된다.

이러한 예는 어떨까. 1788년 산업혁명이 시작될 무렵 증기기관의 제어 장치가 완전하지 않아, 증기기관이 가열되었을 때 대처를 하지 못해 폭발하는 사고가 비일비재했다. 제임스 와트(James Watt)는 증기기관의 축에 볼을 2개 달아서 원심력을 이용해 증기기관의 속도와 힘을 자동으로 조절하는 장치를 발명했다. 그것이 바로 조속기이다. 조속기는 특허권 문제로 발전하지 못하다가 특허권이 만료된 후 산업혁명이라는 빅뱅이 벌어졌다.

현재 3D 프린터 기술이 조속기 특허의 만료와 유사한 상황에 놓여 있다. 이제 관련 특허권이 하나씩 만료됨에 따라 3D 프린터의 활용 가능성과 대중화가 급속히 진행될 것이라 예상된다.

누구나 3D 프린터를 사용하려면 경제성, 즉 합리적인 가격대를 형성하는 것이 중요하다. 스티브 잡스가 개인용 컴퓨터인 매킨토시를 처음 발표했을 때, 고가의 레이저 프린터를 당시 파격적인 가격으로 시장에 내놓았던 일화를 예로 들 수 있다. 스티브 잡스는 레이저 프린터를 7,000 달러에 제시했는데, 그 결과 2D 프린터 시장에서 도트 프린터가 퇴출되고 기술적 중심이 잉크젯과 레이저 프린터로 넘어가게 되었다.

3D 프린터 시장도 SLS 타입의 금속 프린터가 특허권 해제와 더불어 경제적인 가격대로 보급된다면 스티브 잡스의 혁신 못지 않은 새로운 시장과 그 가능성이 펼쳐질 것이다. 아직도 가능성은 열려 있다. 이제 국내에서도 제품을 내기 시작했고, 이 제품은 세계 시장에서도 늦지 않았다.

## Chapter 04
## 3D 프린터에 대한 Q&A, 신 산업혁명 – 3D 프린터

다음 내용은 엄길청 교수가 진행하는 EBS 초대석에 필자가 출연하여 인터뷰한 것이다. 초보자를 위한 3D 프린터 대담으로 진행되어 3D 프린터의 전반적인 정보를 알 수 있을 것이다.

엄길청 교수(이하 Q) :

  로봇이 집안 구석구석을 청소하는 것, 전 세계 언제 어디서나 인터넷에 접속해 지구촌 소식을 접하는 것, 우주선을 타고 달나라에 가는 것은 불과 10~20년 전만 해도 공상만화에나 나오는 것이었다. 하지만 이 모든 것은 현실이 되었다.

  하루가 다르게 급변하는 IT 시대가 공상을 현실로 만들어준 것이라고 해도 과언이 아닐 정도이다. 여기 또 하나의 공상을 현실로 만들어줄 새로운 기술이 나타났다. 바로 3D 프린터다. 필자가 개발한 3D 프린터는 구체적으로 어떤 것인가?

필자 주승환(이하 A) :

  눈에 보이는 모든 것을 3D 프린터로 찍어낼 수 있는 세상이 3D 프린터가 구현하는 세상이다. 3D 프린터는 컴퓨터로 구현한 3차원 형상의 모델링 데이터를 실제 생활에서 쓸 수 있는 제품으로 만들어내는 기계이다. 컴퓨터로 그리거나 스캐닝한 입체를 실제로 출력하여 생활에 사용하는 것이다. 일반적인 종이에 출력하는 평판, 2D 프린터와 구분하기 위해 3D 프린터라고 불리는 것이다. 일반적인 장난감부터 모형 비행기, 우주선, 보잉(Boeing) 항공기의 부품까지 3D 프린터로 출력할 만큼 활용 분야가 무궁무진하다.

종이는 출력하는 원료가 잉크 내지는 흑연과 같은 토너 성분뿐이지만 3D 프린터는 원재료가 매우 다양하다. 금속, 플라스틱, 나무, 유리, 도자기의 원료인 세라믹까지 컴퓨터로 그리거나 스캐닝한 것은 무엇이든 만들 수 있는 세상이 된 것이다.

**Q**

탁자 위의 물컵도 3D 프린터로 만들 수 있다는 이야기인가?

**A**

물론이다. 컵뿐만 아니라 모든 것을 출력할 수 있다. 원하는 물컵의 그림을 그리거나 3D 스캐너로 스캐닝한 다음 이 컵을 설계 프로그램인 캐드로 설계하거나 스캐닝한다. 그 다음 원재료인 소재인 합성수지나 금속, 세라믹을 넣어 출력하면 된다. 자신이 만들고자 하는 물건의 재료만 잘 배합하면 원하는 모양, 색깔 등 다양한 물건을 만들 수 있다. 예를 들어 나의 치열 구조에 맞춰 칫솔을 출력하고, 고장 난 부품이나 깨진 물건을 수리할 수 있는 것이다.

지금까지는 컵을 만들려면 원형 틀을 만들어 찍어내는 방식이라, 대량생산이 아니면 가격이 비싸다. 하지만 지금은 소량이라도 적은 비용으로 원하는 것을 모두 만들 수 있는 것이다.

**Q**

3D 프린터가 개발된 것은 20년 전이라고 하는데, 이제서야 각광받는 이유가 무엇인가?

**A**

모든 특허의 보호 기간은 20년이다. 제임스 와트가 개발한 조속기의 특허가 만료되고 20년 후에 산업혁명이 시작되었다. 애플의 창업자인 스티브 잡스가 매킨토시를 출시할 때 시장에 레이저 프린터를 17,000 달러에 내놓았다. 그 결과 전세계가 레이저 프린터를 사용하고 있다. 이 예처럼 특허권이 만료되는 이 시점에서야 3D 프린터가 주목받게 된 것이다. 3D 프린터 관련 특허가 만료되면 4억 원대의 프린터를 500~1,000만 원대로 만날 수 있을 것이다.

**Q**

시중에서 보편적으로 사용하는 3D 프린터는 플라스틱만 출력할 수 있고 금속제품을 출력하는 것은 어려움이 있다고 하던데, 맞는 이야기인가?

**A**

현재는 플라스틱 중심의 융합적층(ME) 방식으로 프린터를 할 수 있는데, 금속에 적용하려면 선택적 레이저 소결 적층조형(SLS) 방식, 즉 가루형태의 재료를 층층이 쌓은 뒤 레이저로 소결하면 간편하고 정확하게 금속을 가공할 수 있다. 관련 특허는 미국 오스틴 대학교가 가지고 있는데, 2015년 2월에 기술 특허가 만료된다. 현재는 미국과 독일의 회사가 독점 판매권을 가지고 있으며 가격대가 약 10억 원 정도이다. 특허가 만료되면 약 500~1,000만 원대로 접할 수 있을 것이다.

**Q**

3D 프린터를 통해 새로운 산업혁명의 바람이 불 것이라고 하는데, 가장 크게 발전할 시장은 어느 시장이라 예상하는가?

**A**

제조업에서 변화가 일어나야 진정한 변화가 생길 것이다. 한 예로 미국의 포드 자동차는 신제품 개발 기간 단축에 3D 프린터를 활용하여, 개발 기간을 5배 이상 단축했다. 개인이 자동차를 제조하는 로컬 모터스와 같은 회사에 비용만 지불하면 사용자가 원하는 자동차를 만들 수 있다. 앞으로 A/S 공장이 없어지고, 개인이 3D 프린터로 필요한 부품을 출력하고, 장착하는 것이 일반화될 것이다.

보잉 항공기의 경우에도 항공기 제작 시 제품의 30% 정도를 3D 프린터로 출력한 부품으로 실제 장착하여 사용할 예정이다. 미국항공우주국에서는 유인화성탐사를 추진하기 위한 기초연구 중 식량 공급 기술에 부딪혔다. 그래서 중소기업혁신 연구 프로젝트를 통해 유인화성 탐사계획에서 식량 공급에 대한 아이디어를 모아 3D 프린터로 식량을 생산하는 방법을 연구하고 있다. 이외에도 세계적인 스포츠 용품 업체들이 3D 프린터로 다양한 시제품을 만들고 있다.

**Q**

3D 프린터를 의료분야에 많이 쓰이고 있다고 들었는데, 어떤 사례가 있는가?

**A**

턱뼈를 티타늄으로 프린팅하여 실제 이식 수술에 성공했다. 3D 프린터로 개인에게 맞는 정교한 인공뼈 제작으로 지금껏 막대한 수술비가 들었다면 이제는 수술비도 절감할 수 있다. 턱뼈 외에도 바이오 폴리머를 이용하여 세포로 간의 모양을 출력했다는 보고가 있다. 실제 의료 현장에서 사용하려면 많은 시간이 필요하겠지만, 머지않아 가능할 것으로 예상한다.

세계적으로 높은 수준을 갖춘 우리나라의 성형 기술에서도 3D 프린팅이 활용된다. MRI나 CT를 촬영한 다음 입체 영상으로 전환하여 수술 전 점검사항을 점검하면 수술 시간을 절약할 수 있고 부작용을 줄일 수 있다.

2011년 미국에서는 신생아의 수술에 3D 프린팅 기술을 활용했다. 특이한 체형 때문에 호흡이 곤란한 생후 6주 신생아의 호흡을 돕는 의료 부품을 생분해성(生分解性) 소재로 출력하여 기도를 확장해 생명을 살린 예가 있다. 이외에도 각 환자의 구강구조에 맞춰 티타늄 임플란트를 프린팅할 수도 있다.

**Q**

컵을 만들 수 있고, 가전제품의 부품이 고장 나면 A/S 받을 필요 없이 만들어 쓴다니. 이처럼 자급자족이 가능해진다면 산업계에 지각변동이 생길 것 같다. 필자는 어떻게 바라보는가?

**A**

간단한 예로 개인의 구강 구조에 맞춘 고급 칫솔의 입체 데이터만 있다면 프린팅 상점에서 프린팅할 수 있다. 각 지역에 소규모로 자리잡았던 프린팅 센터가 결국은 소규모 공장이 되고 프랜차이즈 사업처럼 3D 프린터 상점이 늘어날 것이다.

재료 측면에서는 원하는 제품을 정확하게 출력하는 적층 방식을 사용하기 때문에 금속 덩어리를 깎아내는 CNC 머신보다 재료 사용량이 훨씬 적어 가격 면에서 경쟁력을 갖출 수 있다. 또 자동차나 항공기에 쓰는 부품이나 강판을 특수패턴으로 찍어 강도를 높이고 무게를 줄일 수 있다. 예를 들면 재료로 철과 알루미늄을 동시에 사용하여 강도를 높이는 대신 속이 비어 있는 형태로 제품을 출력하는 것이다.

3D 프린터를 이용하면 속이 비어 있거나 그물 등의 복잡한 모양이라도 간단하게 인쇄할 수 있다. 3D 프린터를 이용한 경량화는 연비가 중요한 자동차나 항공 산업에 특히 유용하게 사용할 수 있다. 이런 원료로 만드는 것이 결국 생산으로 직결되고, 생산 방식의 변화를 불러온다. 이는 곧 제3 산업혁명이라는 의미가 된다.

**Q**

또 어떤 것이 있나?

**A**

설계 측면에서 살펴보자. 즉 대량 생산 제품보다는 개인의 특성에 맞는 제품들이 출시될 것이다. 음반시장에서 100만장 이상 판매고를 올리기 어렵고 개인이 제작한 인디 음악이 유행하는 것처럼 개인의 취향에 맞춘 제품이 판매되는 시대가 올 것이다.

CNC 가공과 함께 금속제품 생산에 많이 쓰이는 방식은 금형(金型)에 쇳물을 부어 주물을 제작하는 것이다. 이때 제품 디자인을 변경하면 금형과 생산라인을 처음부터 다시 설계해야 한다. 3D 프린터는 이런 복잡한 과정이 없이 설계도 파일만 교체하면 된다. 이처럼 3D 프린터를 이용하면 교체 비용을 줄일 수 있을 뿐만 아니라 빠르게 변화하는 시장에도 유연하게 대처할 수 있다.

유통 측면에서도 살펴보자. 지금까지는 우리나라 자동차 회사의 아프리카 법인에서 부품이 필요한 경우, 배나 비행기로 해당 부품을 보내는 방법 밖에 없었다. 그러나 3D 프린터를 이용하면 해당 부품의 설계도와 원료만 있다면 언제든지 필요한 만큼 생산할 수 있다. 이제는 무거운 제품을 유통하는 것이 아니라, 가벼운 컴퓨터 파일을 유통하게 될 것이다. 이처럼 유통업계에 미칠 변화를 예측한 미국은 벌써 3D 프린팅 위탁업체들이 생기고 있다. 세계적인 물류기업도 3D 프린터 위탁생산업에 뛰어들 정도이다.

Ⓠ

생산 공정에서 인건비 부담도 많이 줄어들 것 같다.

Ⓐ

물론이다. 제품 생산에 필요한 인력도 크게 줄일 수 있다. 예전에는 복잡한 모양의 제품을 만들기 위해 여러 부품을 조립해야 했고 그 과정에 사람의 손이 꼭 필요했지만, 3D 프린터를 이용하면 필요한 인력을 줄일 수 있다.

선진국에서 생산 공장을 운영하지 못하는 가장 큰 이유는 인건비였다. 그러나 3D 프린터를 활용하면 회전이나 조립이 하나로 프린트되기 때문에 별도의 공정이 줄어 인건비를 크게 줄일 수 있다. 예를 들어 자동차 기어 박스나 조립된 제품을 하나의 공정으로 프린트할 수 있는 것이다. 또 생산 공장도 3D 프린터만 있으면 되기 때문에 인건비 부담이 적어져 제조시설이 선진국으로 돌아오는 데에 크게 기여할 것이다.

**Q**

3D 프린터의 많은 장점에도 불구하고 여전히 총기 제작, 범죄 목적의 페이스 오프 등에 이용될 우려를 표하는 사람들이 많다.

**A**

물론 3D 프린터 분야에도 양면성이 존재한다. 범죄에 악용될 우려가 있다면 이에 대한 대책을 마련하는 것이 우선일 것이다. 총기 제작 외에도 인공 장기 제작 등 정부의 규제가 필요한 부분이 많다.

필자도 모 방송 매체의 요청 때문에 경찰과 방송사의 협조로 총기를 제작했던 경험이 있다. 현 시점에서는 필자의 경우처럼 경찰이나 관련 기관의 협조를 받아 총기를 제작하는 것이 최선의 방법일 것이다.

현재 유사 총기 제조 시에는 2년 6개월 이상의 형량을, 실제 총기 제조 시에는 8년 이상의 형량을 받도록 되어 있지만 3D 프린터가 보급된다면 좀 더 엄격한 규제가 필요할 것이다.

**Q**

3D 프린터가 보급된다면 신 산업혁명이라고 할 정도로 산업계의 지각변동이 생길 것 같은데, 우리나라의 3D 프린터 개발이나 보급 수준은 어느 정도인가?

**A**

우리나라는 약 5,000대의 3D 프린터가 보급된 것으로 알고 있다. 그러나 외국에서 수입한 3D 프린터는 실제 필요한 소비자에게 보급된 것보다 중소기업 육성정책 예산을 사용하기 위해 보급된 것이 대부분이다. 3D 프린터가 제대로 활용되지 못하는 현실이 무척 안타깝다.

얼마 전 중국의 초청으로 중국을 방문했다. 그들은 우리 제품의 소프트웨어보다는 하드웨어에 더 큰 관심을 보였는데, 그 뒤에는 정부의 전폭적인 지원이 있었다. 일본도 마찬가지였다. 이러다 우리나라가 3D 프린터로 인해 발생할 신 산업혁명에서 뒤처지지 않을까 하는 염려가 생길 정도였다.

**Q**

3D 프린터를 처음 개발한 것은 일본이지만 기업과 정부에서 방관하다가 지금은 후발주자로 따라간다는 기사를 본적이 있는데, 무슨 이야기인가?

**A**

발매와 개발이 다르다. 개발은 일본에서 먼저 했고, 미국이 상용화했다. 이런 얘기가 계속 나오는 이유는 우리나라 정부나 기업의 개선 의지 때문인 것 같다. 우리나라 정부는 물론 기업들이 새로운 비즈니스 모델이나 신기술이 출현하면 발굴하고 지원하는 문화가 약해 항상 선도자(First Mover)로 나서지 못하는 여건을 개선하려는 의지가 부족했다. 다행히 산업자원부 차관 주관의 3D 프린팅 포럼이 만들어졌고, 2014년 4월에 육성방안이 발표되었다. 현재 필자도 국가 3D 프린팅 발전 로드맵의 수립 위원으로 활동 중이다.

**Q**

우리나라는 IT 강국이다. 지금이 바로 3D 프린터를 활용할 때인 것 같은데, 세계 속에서 경쟁력을 갖추기 위해 우리가 해야 할 것은 무엇인가?

**A**

홀러리포트에서 발표한 3D 프린터 시장은 해마다 두자리 수의 성장률을 유지하여 2016년에는 3조 4,500억 원, 2020년에는 5조 8,000억 원까지 성장할 예정이라고 한다. 하지만 우리나라는 이에 대한 아무런 대책이 없다. 최근 로드맵이 작성되고 있다는 점은 고무적이다.

하지만 여기서 멈추지 말고 정부 정책 차원의 기술 육성을 해야 한다. 미국의 경우를 살펴보자. 3D 프린터는 텍사스 주립대학교의 대학생인 데커드가 1학년 재학 중에 아이디어를 제출한 것을 4학년 때 특허로 출원하고, 정부와 대학의 교수가 지원하여 육성한 것이다.

**Q**

국내에서 유일하게 3D 프린터를 개발했다면 관련 특허를 출원하여 많은 돈을 벌 수 있었을 텐데, 관련 기술과 설계도를 모두 공개했다. 특별한 이유가 있나?

**A**

영국이나 미국, 중국, 일본은 정부에서 자금을 지원하여 지속적으로 기술을 개발할 수 있도록 지원하는데, 우리나라는 아직 지원 사업이 활발하지 않다. 계속 강조하지만 우리나라의 시장이 너무 열악하다. 그래서 필자가 개발한 것을 모두 공개하고 교육을 통해 누구든 필요한 기술을 보탤 수 있도록 했다. 이 과정을 통해 기술을 업그레이드시킨다면 세계 시장에서 경쟁력을 갖출 수 있을 것 같다.
가장 큰 목적은 빠른 시일 내에 국가 정책이 완성되어 오픈 소스를 통한 관련 기술이 향상되는 것이다.

**Q**

윌리봇처럼 핵심 기술을 시장에 모두 공개하여 누구나 쉽게 자기의 용도에 맞게 개조하고 개발할 수 있는 오픈 소스가 소프트웨어 시장에서 주목받고 있다. 오픈 소스의 정확한 개념과 효과에 대해 구체적으로 설명한다면?

**A**

리눅스(Linux)가 소프트웨어의 오픈 소스라면, 윌리봇은 하드웨어의 오픈 소스다. 3D 프린터의 원리나 사용이 가능하도록 모든 소스를 공개하는 것이다. 리눅스뿐만 아니라 안드로이드 스마트 폰에서 사용되는 운영체제도 오픈 소스의 예이다. 오픈 소스는 공개된 소스코드를 활용해 새로운 아이디어를 접목한 소프트웨어를 구현할 수 있다. 따라서 시장이 활성화되면 다수의 기업이 뛰어들어 풍성한 생태계를 조성할 수 있다. 또 새로운 아이디어를 접목하여 IT 시장의 가속화를 끌어올 수 있다.

**Q**

소프트웨어 시장에서 오픈 소스가 주목을 받고 있는데, 특허와 오픈 소스는 서로 상반된 의미가 아닌가?

**A**

오픈 소스도 특허를 가지고 있다. 단지 일반인 사용의 권리를 공개한 것이다. 윌리봇의 경우 '윌리봇 Mk', '윌리봇 박스' 등으로 윌리봇의 이름을 붙이면 누구나 쓸 수 있다. 윌리봇 생산은 저작자와 협의 후에 진행하면 된다. 제품의 퀄리티를 유지하기 위한 오픈 소스의 사용권와 지적 재산권이 따로 정의되어 있다.

윌리봇 이후에 많은 3D 프린터 개발업체가 생겼다. 제작 과정을 공개했으니 당연한 결과이다. 그러나 오픈 소스의 사용권을 지키는 사람이나 업체가 없다. 영국의 멘델(Mendel)사는 프루사 멘델, 멘델 맥스 등의 이름을 짓는데, 우리나라는 아직 이러한 개념이 없다. 현재 윌리봇이 가진 특허로 교육을 할 예정이다.

**Q**

2015년 2월에 금속소재를 이용한 3D 프린터 기술 특허가 만료된다고 했는데, 특허 만료에 따른 기술 개발도 진행 중인가?

**A**

특허 분석은 끝났고, 간단한 테스트 버전 개발 설계가 되었다. 특허 만료 시점에 맞춰 생산하기 위해 중견기업과 협력하고 투자 유치를 진행 중이다.

**Q**

마지막으로 3D 프린터가 가져올 산업혁명에 대비하기 위해 정부나 국민에게 당부할 것이 있다면?

**A**

필자는 지금이 3D 프린터 관련 교육을 통한 의식 개선이 필요한 시기라고 생각한다. 그러나 우리나라는 3D 프린터에 관련이 없는 업체의 주가가 20% 이상 오르는 등 전문가로서 이해할 수 없는 일들이 벌어지고 있다. 이것이 우리나라의 현실이다.

국가는 국민들이 3D 프린터를 접하고 실제 사용할 수 있는 환경을 만드는 정책을 수립하고, 국민은 3D 프린터에 적응을 할 새로운 기술을 연마하여 앞으로 다가올 새로운 시대에 맞추어 대비를 하는 것이 중요하다. 신 산업혁명에 좀 더 빠르게 적응하여 다른 나라가 점유하지 못하는 위치를 선점해야 한다.

Chapter 05
## 오픈 소스 3D 프린터 시장과 한국의 기술 독립

## 미국 팹앳홈, 영국 렙랩, 그리고 한국 윌리봇

가정용 프린터 시장을 논하려면 오픈 소스 3D 프린터에 대한 설명을 빠뜨릴 수 없다. 오픈 소스 3D 프린터는 영국, 미국, 한국을 기반으로 하고 있다. 이 중에서 한국의 윌리봇은 오픈 소스 라이선스를 기반으로 독자적으로 개발한 제품이다.

3D 프린터의 급격한 대중화가 이뤄지면서 IT 분야의 리서치 전문 기업인 가트너(Gartner)는 15,000 달러에 판매되는 전문가용의 3D 프린터가 2020년까지 2,500 달러 수준으로 하락할 것이라고 전망했다. 2014년 기준으로 3,000만 원 이상이었던 3D 프린터가 이제는 20만 원 대까지 하락했다. 일반적으로 적당한 가격대의 3D 프린터는 재료나 방식에 따라 가격이 2만 달러부터 2억 달러까지 다양하다. 특히 저렴한 프린터일수록 동일한 성능을 위해 소비자가 알아야 할 것이 많다.

오픈 소스는 크게 영국, 미국, 한국으로 요약할 수 있다. 한국의 경우는 윌리봇이 개발되기 전까지는 영국과 미국에 의존해왔다. 국내에서 판매되는 멘델이나 프루사 i3의 경우 영국의 렙랩(RepRap) 프로젝트의 하나인 멘델의 기술 일부를 수정해 만들었다. 따라서 라이선스 규약에 따라 'Mendel'이라는 이름을 붙일 수밖에 없는 것이다. 로킷(Rokit)에서 판매하는 에디슨(3Dison)은 미국의 메이커봇 호환 기종으로 개발되었으나, 최근에는 시간이 많이 흘러 오픈 소스에서 많이 수정을 한 형태로 나오고 있다. 국내 소비자 입장에서는 메이커봇의 제품을 저렴하게 이용할 수 있으니 좋은 일이기는 하다. 최근에는 새로운 제품을 발표했다.

필자는 한국에서 순수 기술과 독자적인 방식으로 윌리봇(WillyBot)을 개발했다. 순수 우리 기술로 개발했기 때문에 독자적인 이름을 지을 수 있었다. 무엇보다 윌리봇을 7호까지 개량하여 기술력과 안정성을 입증받았다. 영국의 렙랩, 미국의 팹앳홈(Fabathome), 한국의 윌리봇을 자세히 알아보자.

## 영국의 렙랩

렙랩은 2005년 영국의 바스 대학교에서 기계공학과 교수 아드리안 보이어(Adrian Bower)에 의해 시작되었다. 렙랩은 자기 복제 기계의 개념(Self-replicating Manufacturing Machine)으로 고안되었다. 핵심 가치인 자가복제, 오픈 소스, 오픈 디자인으로 자체 구성 요소의 대부분을 인쇄할 수 있는 3D 프린터를 개발하는 프로젝트였다. 이 프로젝트는 기존의 FDM 방식과의 상표 사용 문제를 피하기 위해 FFF(Fused Filament Fabrication)라는 이름을 사용한다.

렙랩에서 명명되는 기계는 생물학자인 다윈(Darwin)부터 현재 멘델에 이르렀다. 프린터 하나를 가지고 있으면 생물체처럼 자기 복제를 할 수 있다는 개념이다. 멘델은 프린터에서 쓰이는 부품의 60%를 프린터로 자체 제작하고, 그것과 구입한 기성 부품의 조합으로 새로운 프린터를 만들 수 있다.

렙랩의 웹 페이지에서는 60만 원대로 훌륭한 멘델을 만들 수 있다고 한다. 메이커봇처럼 중국에서 생산하면 더욱 저렴한 가격으로 3D 프린터를 접할 수 있다. 대표적인 렙랩 프린터의 이름은 멘델이며 이를 유저가 사용이 가능하도록 개량한 것이 프루사(Prusa) i3, 헉슬리(Huxley), 멘델 맥스(Mendel Max) 등의 개량 버전이다. 국내에서 많이 제작하는 프루사 i3는 이중의 하나이고, 국민3D 프린터-WCK도 Prusa i3의 대량 생산 버전이다.

[그림 1-16] 23만 원 국민 3D 프린터-WCK

## 미국의 팹앳홈

팹앳홈은 2006년 미국에서 시작된 오픈 소스 3D 프린트 보급 방식이다. 코넬 대학교의 컴퓨터 시스템 연구소에서 호드 립슨(Hod Lipson) 박사와 이반 말론(Evan Malone) 조교가 개발에 성공한 것이다. 현재 여러 회사에서 키트 형태로 판매하고 있으며 개인이 직접 제작할 수도 있다. 팹앳홈 홈페이지에서 DIY 운동을 진행하며 정보도 공유한다. 팹앳홈으로 만든 3D 프린터는 패버(Fabbers)라고 부른다.

2007년에 1호가 보급되었고, 2015년 현재 버전 2까지 개발되었다. 렙랩의 프린터는 자기 복제를 통한 3D 프린터의 저변 확대가 목적이라면, 팹앳홈은 여러 가지 재료로 프린팅하는 것에 초점이 맞추어져 있다.

팹앳홈은 랩랩과 유사한 하드웨어 플랫폼을 가지고 있다. 하지만 경성(硬性), 제작 시간, 쉬운 작동 등으로 소비자들의 주목을 받고 있다. 랩랩에 비해 실리콘, 시멘트, 스테인레스강(Stainless Steel)으로 혼합할 수 있다는 것이 가장 큰 장점이다. 그래서 오픈 소스 제작 프린터임에도 전문회사 급의 성능을 가지고 있으며, 2007년에는 미국의 과학 잡지인 '파퓰러 메카닉스(Popular Mechanics)'에서 혁신상을 수상하기도 했다. 자세한 사항은 팹앳홈 홈페이지(www.fabathome.org)에서 찾을 수 있다.

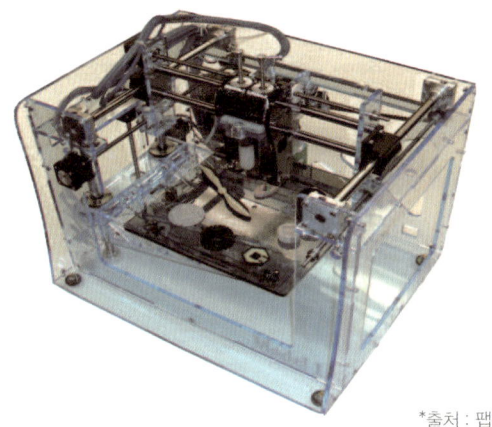

*출처 : 팹앳홈 홈페이지(www.fabathome.org)

[그림 1-17] 팹앳홈 패버 1호기(팹앳홈 Wiki)

## 한국의 윌리봇

윌리봇은 불모지라 생각되었던 시기인 2013년, 국가 3D 프린팅 발전 로드맵 수립 위원인 필자에 의해 탄생했다. 윌리봇은 국내 최초의 박스형 오픈 소스 3D 프린터이다.

윌리봇은 패스트 팔로워(Fast Follower)가 아닌 퍼스트 무버(First Mover)를 지향하는 슬로건 아래 탄생했다. 영국의 멘델이나 미국의 메이커봇을 복제하는 현실에서 벗어나기 위해 우리 독창적인 제품을 개발한 것이다. 알리는 방식도 랩랩의 외국의 위키디피아 대신 온라인 커뮤니티를 통해 알린다.

윌리봇은 대형 1호, 보급형 2호, 그리고 초기의 3호를 약 100회 이상 걸친 워크숍을 통해 보급하고 있다. 현재 4호가 필드테스트를 통해 수정하여 보급되고 있다. 윌리봇의 모든 제품은 현재 오브젝트빌드에 기술이 이전되어 개량 판매되고 있다.

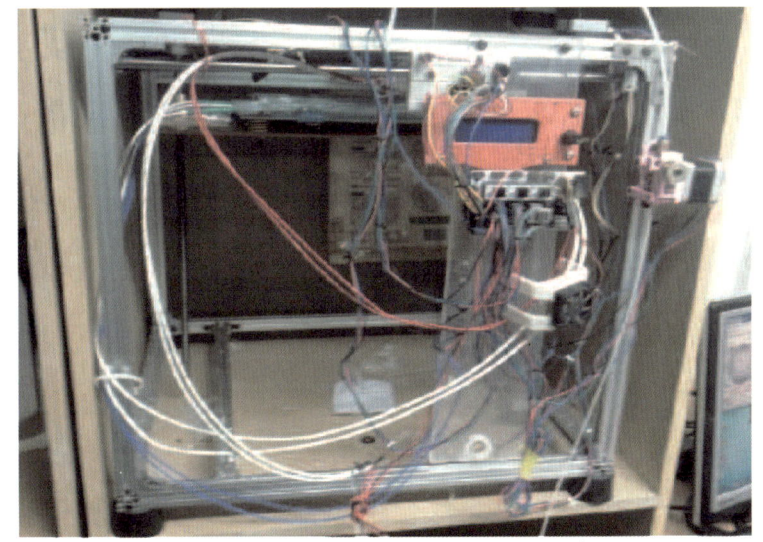

*출처 : 윌리봇 커뮤니티

[그림 1-18] 당시 국내 최대 크기로 개발한 윌리봇 1호(500×500×500㎜)

한편 전 세계에서 윌리봇과 관련된 많은 문의가 들어오고 있으나, 해외 인력이 부족하여 모든 문의에 대응하기 어려운 상황이다. 윌리봇은 온라인 커뮤니티를 통해 모든 제작 과정과 소스를 공개하고 있다. 커뮤니티의 인원이 1만 명 이상이기 때문에 기술적으로 자급자족하는 커뮤니티로 발전하고 있다. 또 메탈 프린터 개발 등의 영역 확장을 통해 끊임없이 발전을 위해 노력하고 있다.

## Chapter 06
## 유저에 맞는 최적의 3D 프린터 고르기

# 가정용 적층(ME) 방식 프린터 선택 가이드

필자는 윌리봇 개발 중 다양한 프린터의 특성을 분석한 결과 어떤 프린터가 가장 좋은지 파악할 수 있는 나름의 눈을 가지게 되었다. 이제 그 노하우를 독자들과 나누고자 한다.
3D 프린터는 크게 기계, 전자, 익스트루더(Extruder)로 구성된다. 3D 프린터가 이 세 가지로 구성된 것과 형태를 파악하는 것이 중요하다. 우선 형태를 설명하기 위해 세계에서 가장 많이 팔리는 제품인 메이커봇, 얼티메이커를 살펴보자.

메이커봇은 미국 제품으로 세계에서 가장 많이 팔리는 제품이다. 2013년 6월 스트라타시스사에 4,000억 원에 매각되어 더욱 유명해졌다. 얼티메이커는 영국 제품으로, 유럽에서 가장 많이 팔리며 출력 속도가 빠른 것이 특징이다. 이 제품들은 모두 박스형으로 되어 있는데, 필자는 3D 프린터의 형태 중 가장 바람직한 것이 박스형이라고 생각한다. 박스형은 출력물을 고정시키고 프린트 헤드를 X, Y축으로 움직일 때 안정적으로 구동된다는 특징이 있다.
이에 비해 저가형으로 많이 팔리는 멘델 계열의 프린터는 실험용으로 많이 쓰이고 있다. 이것은 Y축이 움직이고 프린터 헤드가 X축으로 움직이는 방식인데, 출력물이 움직인다는 단점이 있다. 작은 물체를 프린트할 때는 상관없으나, 큰 물체는 출력이 잘 안 될 수 있다. 현재는 기술적으로 많이 해결한 상태이다. 이제 각 구성에 대해 알아보자.

## 기계

기계 용어가 생소할 수 있다. 기계의 부품에 관한 전문적인 내용이기 때문이다. 기계는 동력을 발생하는 모터, 동력을 전달하는 벨트, 실제 출력하는 구동부로 구성되어 있다. 특히 X, Y축을 구동하는 리니어 부품이 중요하다. 여기서 필자가 생각하는 각 제품별 우열을 비교해보겠다.

기계적인 이동은 X축과 Y축을 이동시키는 부분으로, 두 가지가 있다. 베어링을 사용해서 이동하는 것과 이동하는 부분이 기계적으로 안정시키는 부품인 LM 가이드이다. 당연히 하나의 부품으로 구성된 LM 가이드가 우수하다.

벨트 방식은 동력을 전달한다. 벨트에 연결하는 부분에는 풀리라는 부품이 들어가는데, 이것이 정밀도를 결정한다. 2GT 풀리가 기존의 국내에서 사용되는 풀리에 비해 정밀도가 우수하다. 구형 방식은 국내에서 구입이 가능한 벨트인데, 정밀도는 다소 떨어진다.

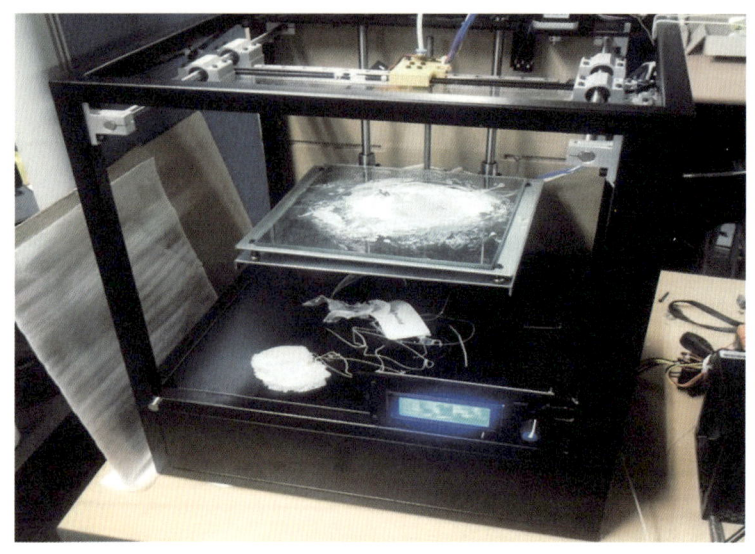

[그림 1-19] 강철 스틸 프레임으로 국내에서 처음 개발된 윌리봇 MK2

[그림 1-20] 중국에서 생산, 국내에서 사용하는 메이커봇 호환 기종

한편 Z축의 정밀도가 출력물의 품질을 좌우한다. 이것도 일체형 부품의 경우 정밀하고, 가격대가 높다. 가장 좋은 부품은 볼스크류이다. 기존 제품은 전산나사를 동력 전달용으로 사용하고, 멘델 계열의 프린터가 볼스크류를 사용한다. 기존 제품이 전산나사를 사용

하는 이유는 가격이 저렴하기 때문이다. 볼스크류와 전산나사의 절충점에 있는 제품이 TM나사이다.

전산나사는 아무리 정밀하게 설계하더라도 전진과 후진 시 오차가 발생한다. 이것을 보정한 제품이 볼스크류이다. 다만 볼스크류의 가격대가 높아서 저가형 3D 프린터에는 적용할 수 없다. 따라서 LM 가이드, 2GT 벨트 풀리, 커플링으로 구성된 3D 프린터가 가격 대비 성능이 가장 좋다고 할 수 있다.

[그림 1-21] 커플링으로 연결된 모터와 TM 나사

## 전자

제어보드는 아두이노(Arduino)와 RAMP 보드가 호환성이 높아 가장 많이 쓰인다. 무엇보다 출력물의 품질을 좌우하는 슬라이싱 소프트웨어를 지원하는 RAMP, RAMBO 보드와 프린티알 보드(Printrboard), 마이티 보드를 사용하는 것이 좋다. 일반적으로 가장 많이 사용하는 제어보드는 RAMP 보드인데, RAMBO 보드는 RAMP 보드의 호환 기종이라 볼 수 있다. 메이커봇은 자체 보드인 마이티 보드를 사용한다. 에디슨은 마이티 보드의 수정 보드를 사용하는 것이 특징이다. 윌리봇은 가장 호환성이 좋은 RAMP 보드를 사용한다.
프린티알 보드는 모든 것이 한 보드에 내장되어 가격이 저렴하고 사용이 간편하다. 주로 저가형 제품에 사용된다. 가격이 저렴하지만 기능상으로는 문제가 없다.

[그림 1-22] RAMP 보드

## 익스트루더

익스트루더는 ABS 수지를 녹여 정밀하게 나오도록 만드는 장치이다. 이전에는 외국 제품을 썼는데, 윌리봇에서 국산화하여 보급했다. 초기에는 노즐을 생산하지 못해 노즐 하나가 프린터 한 대와 같은 의미였다. 그래서 프린터 판매자들이 노즐을 개별 판매하지는 않았지만, 이제는 일반화되어 간편하게 구입할 수 있다. 현재는 전문 노즐업체에서 제작하고 탑재하여 정밀도가 크게 향상되었다.
익스트루더는 크게 쿨엔드(Cool-End)와 핫엔드(Hot-End)로 구분한다. X축 이동부에 쿨엔드와 핫엔드가 함께 있는 것을 일체형, 분리된 것을 보우덴(Bowden) 방식이라고 한다. 성능, 정밀도를 표시하기 위해 노즐에 분출이 되는 구경(口徑)을 이야기하는데, 0.4㎜가 가장 많이 쓰인다. 속도를 요하는 곳은 0.8㎜ 노즐을 사용한다.

[그림 1-23] 윌리봇의 보우덴 방식 익스트루더의 핫엔드

[그림 1-24] 윌리봇 3D 프린터의 잉크인 필라멘트를 밀어주는 쿨엔드

[그림 1-25] 메이커봇의 일체형 익스트루더

[그림 1-26] 리니어 모터

일부 제품의 초창기 모델은 0.4㎜ 노즐인데, 0.4㎜보다 훨씬 굵게 나오는 경우도 있었다. 가공상의 정밀도가 떨어졌기 때문이다. 현재는 정밀하게 가공되고 있다. 이 정보는 여러 프린터 제품을 테스트하여 얻은 것이다.

보우덴 방식은 X축에 모터를 두지 않고 분리하기 때문에 관성의 영향을 받지 않는 고속 출력에 적합하다. 그런데 이것은 일정거리에서 필라멘트를 밀기 때문에 필라멘트가 흐르지 않도록 당겨주면(Retraction) 문제가 없다. 이 방식을 쓰는 것은 얼티메이커와 월리봇이다. 일체형은 메이커봇과 국민 3D 프린터-WCK가 대표적이다. 그러나 필라멘트를 미는 모터의 관성 때문에 고속으로 출력할 수는 없다.

[그림 1-27] 필라멘트의 다양한 색깔

[그림 1-28] ABS 필라멘트를 월리봇에 연결한 모습

듀얼 익스투루더(Dual Extruder)는 원재료와 서포터의 플라스틱을 지원하기 위해 개발되었다. 요즘은 듀얼 익스트루더를 듀얼 컬러로 사용하는 경우가 많은데, 단색도 제대로 프린팅하지 못하는 상황에서 듀얼 컬러는 큰 의미가 없다. 정밀한 프린팅을 목적으로 듀얼 익스트루더를 시도하는 것이 좋다.

서포터는 물에 녹는 플라스틱을 사용한다. 정밀한 부분을 받치기 위해 사용하고 물에 녹이면 프린트한 것만 남는다. 이 플라스틱은 PVA를 사용한다. 국내에는 아직 수요가 없고 지원하는 소프트웨어가 없다.

## 3D 프린터 선택 시 알아야 할 사항

프린터를 선택할 때 가장 중요한 것은 프린터의 형태이다. 가격을 고려하지 않는다면, 현재 시중에서 구입할 수 있는 기종 중에서는 제작사나 호환 기종을 불문하고 박스형을 선택하는 것이 좋다. 이유는 큰 물체를 프린트할 때 알 수 있다. 박스형은 프린팅하는 물체가 움직이지 않기 때문에 멘델 방식에 비해서 안정적이다. 얼티메이커, 메이커봇 등 대부분의 상업용 프린터가 박스형인 이유가 이러한 맥락이다.

다음으로 중요한 것은 제어보드이다. RAMP 보드, 즉 프린터에 쓰는 표준 보드이어야 한다. 표준 보드를 사용하는 것이 신기술 적용이 가능하다. 익스트루더는 0.4mm 정도의 노즐만 고르면 되고, 확장성을 위해 듀얼 익스트루더를 지원하는 제품이 좋다. 소프트웨어는 리플리케이터G(ReplicaterG)나 큐라(Cura, 13 버전 이상)를 사용하면 클릭 5번만으로도 출력할 수 있다. 현재 메이커봇 계열이 리플리케이터G이며, 얼티메이커와 윌리봇은 큐라 계열이다.

에디슨의 소프트웨어도 크게 벗어날 것이 없다. 펌웨어는 오픈 소스인 세일피쉬를 변형한 것이다. 세일피쉬는 오픈 소스인 리플리케이터G를 변형한 것이다. 오픈 소스를 사용했을 때의 문제점은 윌리봇, 에디슨 등 모든 국내 업체의 제품이 오픈 소스 기반이기 때문에 법적인 문제를 제기한다면 모든 소스를 공개해야 한다는 것이다.

결론적으로 박스형이나 저가형 국민 3D 프린터-WCK를 선택한 다음에 0.4㎜ 노즐, 제어보드, RAMP 보드, 소프트웨어로는 리플리케이터G나 큐라, 듀얼 익스트루더를 지원한다면 최고의 조합이 완성된다. 다른 장비는 전문가가 아니라면 굳이 갖추지 않아도 된다.

Chapter 07
# 1인 제조업과 3D 프린터 시대의 도래, 기회를 잡아라

3D 프린터의 단가가 현저하게 떨어지는 시기에 급격한 사회 변화가 일어날 것이다. 필자가 제시하는 키워드는 공장이 필요 없는 '맞춤형 소량 생산의 시대'이다. 무엇이든 만드는 공장은 2D 프린터 시대에 프린터를 대여해서 사용했던 기억이 있는 킨코스의 3D 프린터 버전인 셰이프웨이, 아이.머티리얼라이즈(i.Materialise), 레드아이(RedEye)와 같은 기업이 많이 생겨날 것이다. 가까운 일본에도 많은 기업이 생기고 있다. 프랜차이즈 영업 방식이니 한 사람이 충분히 운영할 수 있다. 이는 물건이나 부품의 도면을 컴퓨터 파일로 가져오면 플라스틱이든 금속이든 재료에 구애를 받지 않고 출력하는 시스템이다.

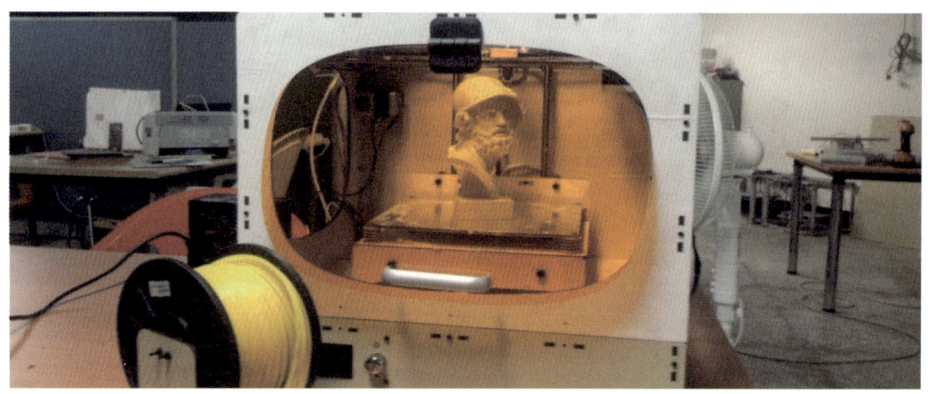

[그림 1-29] 나무로 제작된 윌리봇 ME 3프린터, 수출용 시제품

[그림 1-30] 윌리봇 3D 프린터의 산업용 시제품

또 하나는 1인 제조업시대에 맞는 1인 공장이다. 건물의 지하에 3D 프린터 여러 대를 놓고 자동차 부품이나 항공기, 우주선의 부품을 출력하거나 주물 틀을 출력하는 공장을 만드는 것이다. 생산량이 적다면 클라우드 생산을 도입하는 것도 좋다. 클라우드 생산이란 하나의 공장에서 20,000개의 부품 주문을 받으면 1인 공장 여러 곳에 전화하여 각 공장에서 제조한 것을 수거해서 필요한 수량을 출고하는 것이다. 20,000개 이하의 수량을 각 공장별로 신속하게 생산하여 주문한 다음날 납품할 수 있는 것이다.

이 사업은 인터넷이 보급된 우리나라에 적당하다. 또 3D 프린터의 시대라 가능하다. 이때 부품을 생산하기 위한 대형 공장을 갖출 필요는 없다. 이것은 3D 프린터와 IT 네트워크만 있으면 바로 구현할 수 있다. 단 실제 구현 시기는 3D 프린터의 가격 하락 시점에 따라 변동 가능성이 매우 크다.

*출처 : 윌리봇 유저, 김종희 제공

[그림 1-31] 3D 프린터로 출력한 용접기

*출처 : 윌리봇 유저, 김종희 제공

[그림 1-32] 3D 프린터로 출력한 개인용 충전기

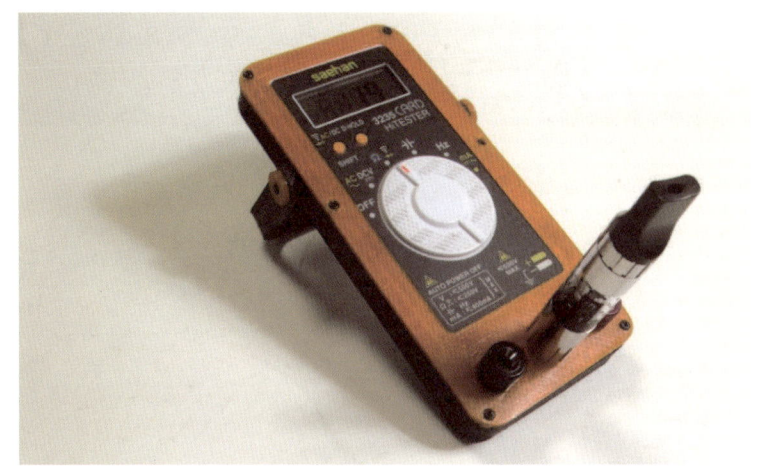

*출처 : 월리봇 유저, 김종희 제공

[그림 1-33] 3D 프린터로 출력한 테스터 지그

현재 전세계적으로 가장 큰 이슈는 '3D 프린터에 의한 새로운 산업혁명'이다. 이 혁명이 진행되면 가장 먼저 시장에 출현할 것으로 예상되는 것이 1인 제조업자이다. 집안에서 3D 프린터로 생산하는 시대가 곧 도래할 것이다. 과거의 생산 방식과 다른 것은 네트워트로 연결되어 유기적인 생산이 가능한 것이다.

3D 프린터의 대중화는 곧 진행될 것이다. 월리봇이 ME 방식의 가정용 프린터의 기술을 공개한 뒤 우리나라에서도 3D 프린터들이 많이 생겼으며, 이는 곧 가격 경쟁과 기술 개발 경쟁으로 이어지고 있다. 3D 프린터가 대중화되면 1인 제조업의 시대가 그리 멀지 않은 것이다. 이때는 시기에 맞는 새로운 아이템을 찾는 것이 중요하다.

### Chapter 08
## 3D 프린터의 세상을 변화시키기 위한 전제 조건

## 천재 기업의 등장

2D 프린터 시장의 발전을 회고해보자. 엡손(Epson)이 MX-80을 발표하면서 가정용 프린터 시장을 석권하는 동시에 '프린터=엡손'이라는 인식을 심을 수 있었다. 이 덕분에 엡손은 세계적인 기업으로 도약했으며, 도트 매트릭스(Dot Matrix) 프린터를 거쳐, 잉크젯 프린터가 가정용 프린터의 대명사가 되었다.

마찬가지로 3D 프린터 시장을 보았을 때, 3D 프린터 시장에서 가정용 프린터는 엡손의 도트 매트릭스 프린터처럼 획기적인 제품을 출시하는 회사가 시장을 석권할 것이라 예상된다. 2D 프린터 대중화 초기에는 엡손의 도트 매트릭스 프린터가 시장을 석권했다. 3D 프린터에 도트 매트릭스 프린터의 약진을 대입하면 현재 가정용 프린터로 많이 쓰이는 ME/FDM 방식의 프린터를 꼽을 수 있다. 잉크젯 프린터 형식으로 나올 가정용 프린터는 아직 명확한 모양이 없지만, 새로운 형태의 잉크젯 방식의 3D 프린터가 석권할 것으로 보인다. 가정용 프린터 부분에서 엡손에 해당되는 업체가 새로이 출현하는 시기가 세계적으로 3D 프린터가 보급이 되는 시기일 것이다.

3D 프린터로 새로운 세상의 변화의 전제 조건은 3가지이다. 기존 역사에서 이해할 수 있

는 것이 2가지, 새롭게 나올 것이 1가지이다. 첫번째는 킬러 애플리케이션(Killer Application)의 등장이다. 킬러 애플리케이션은 상품을 디지털화하는 도구로, 일반인이 쉽게 3D 프린팅 할 수 있는 3D 스캐너와 응용 프로그램이다. 이 프로그램이 출시되면 복잡한 캐드 프로그램을 배우지 않아도 원하는 오브젝트를 쉽게 만들고 출력할 수 있을 것이다. 이는 곧 3D 프린터의 대중화에 기여할 것이다.

두 번째와 세 번째는 종이를 사용하는 2D 프린터의 도트 매트릭스 프린터, 레이저 프린터의 예시를 생각해 볼 수 있다. 도트 매트릭스 프린터는 품질이 떨어지고 소음이 많으나, 가격이 저렴하고 소모품의 가격이 매우 저렴했다. 품질이 좋고, 소모품의 가격이 저렴한 잉크젯의 등장이 변화를 준 상황과 비슷할 것이라 예상된다.

도트 매트릭스 프린터는 현재의 ME 프린터라고 할 수 있다. 도트 매트릭스 프린터가 사라졌듯 ME 프린터도 사라지겠지만, 도트 매트릭스 프린터가 대중화되었던 것처럼 ME 프린터도 대중화되다가 잉크젯 프린터의 형태로 발전할 것이다. 앞으로 새롭게 변화할 미래를 예측해보면 아래와 같다.

세 변화를 차례로 생각해보면 첫째는 앞에서 언급한 SLS 레이저 프린터의 등장이다. 이것은 스티브 잡스가 처음 발표한 레이저 프린터의 사례를 통해 알 수 있다. 물론 HP사가 먼저 발표했지만 포스트스크립트 개념을 통해 레이저 라이터라는 제품을 내놓았다. 이로 인해 일반인도 쉽게 쓸 수 있는 레이저 프린터 시대가 열렸다고 해도 과언이 아니다.

[그림 1-34] 포스트스크립트를 지원하는 레이저 프린터(Apple Laser Writer)

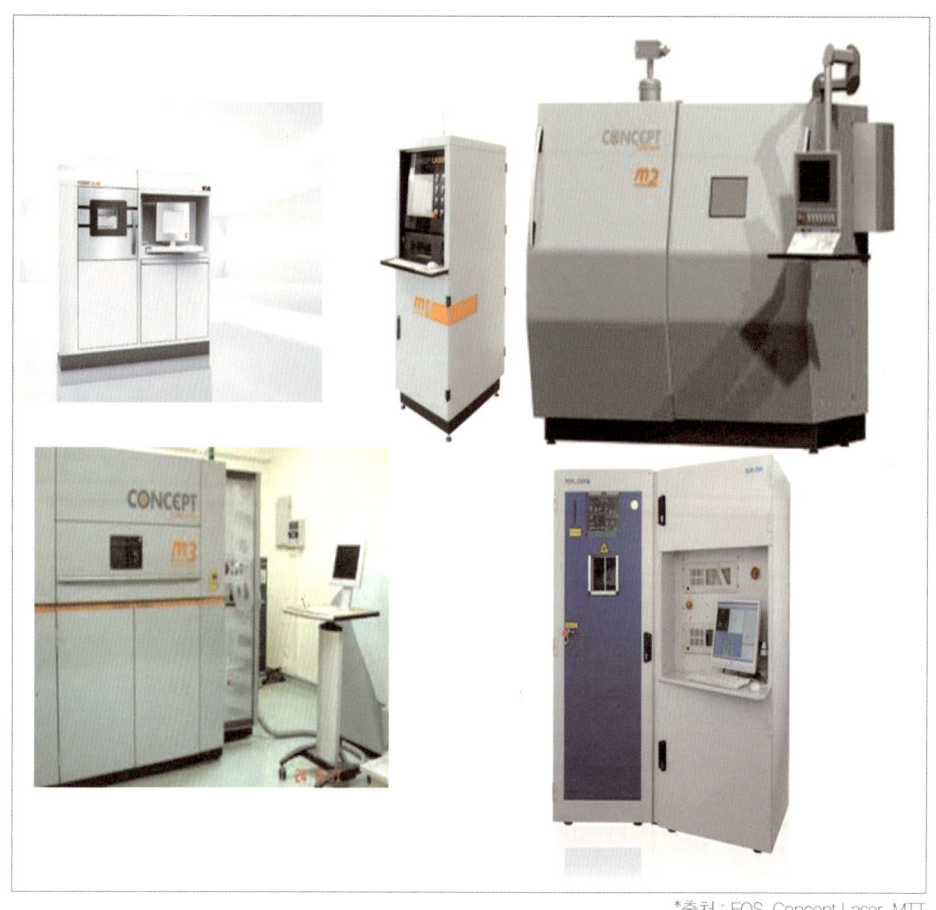

*출처 : EOS, Concept Laser, MTT

[그림 1-35] 현재 시장에서 판매되는 메탈 3D 프린터

이와 마찬가지로 금속 메탈이 가능한 레이저 프린터는 2014년 2월 SLS 특허가 만료된 후 새로운 저가형 메탈 프린터가 다수 등장할 것이다. 국내에서도 필자가 개발한 SLS 프린터를 판매하는 3D 월드를 중심으로 가격대가 외국 제품에 비해 1/10 저렴한 금속프린터가 출시될 예정이다. SLS 프린터가 2,000만 원 이내의 플라스틱의 경우 산업용으로 상용화되었듯 개인용, 소규모 사업용으로 출시될 것이다. 가까운 미래에는 개인이 금속 부품을 컴퓨터 프로그램으로 설계하면 누구나 금속 부품을 출력할 수 있는 시대가 될 것이다.

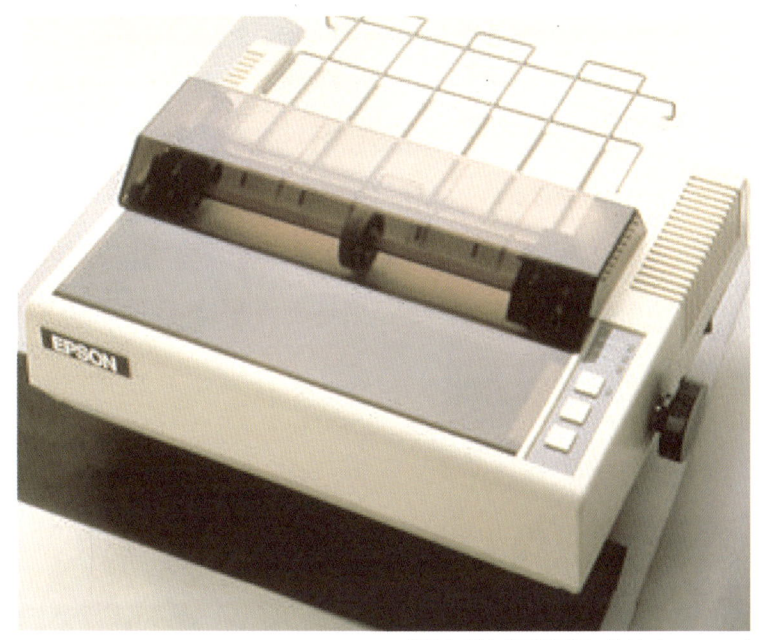

*출처 : 엡손 홈페이지(http://global.epson.com)

[그림 1-36] 엡손의 베스트셀러 프린터, MX-80

예측되는 미래의 두 번째는 가정용 3D 프린터의 보급이다. 집에서도 간단하게 출력할 수 있는 것이다. 앞서 언급한 엡손 같은 업체가 등장하는 것이 결국 새로운 시장을 만드는 원동력이 될 것이다. 2015년 현재는 ME 방식의 3D 프린터 시장이 춘추전국시대와 비슷한 양상을 보인다. 지금이야말로 ME 방식 프린터 시장에서 천재적인 기업가가 등장을 할 것이라 예상된다. 잉크젯 프린터나 엡손의 제품처럼 저가형 모터를 사용하는 등 프린터의 단가를 낮추면 미래는 좀 더 빨리 다가올 것이다.

3D 프린터는 전문가의 영역이다. 이 영역에 일반인이 접근하는 것은 어렵다. 그렇기 때문에 2D 프린터를 대중화시킨 워드프로세서 같은 킬러앱이 출시되어야 한다. 현재 3D 프린터의 킬러 어플리케이션에 가장 가까운 것은 3D 스캐너이다. 3D 스캐너는 2D 스캐너와는 개념이 다르다. 3D 스캐너는 물체를 스캐닝하여 3차원 도면 데이터를 만드는 제품이다.

2013년 미국 3D 시스템즈사에서 399 달러에 3D 스캐너를 발매했다. 이것이 킬러 앱의 시작이다. 이전에도 마이크로소프트사에서 출시한 키넥트(Kinect)가 있었지만, 속도가 느리고, 해상도가 낮으며 기능도 떨어져 사용이 힘들었다.

반면 3D 시스템즈사의 3D 스캐너는 상용화가 가능한 최초의 3D 스캐너라고 할 수 있다. 캐드 사용이 익숙하지 않은 사용자도 간단하게 원하는 형태의 컵을 만들거나 부러진 부품을 스캐닝하여 프린팅할 수 있기 때문이다. 이런 제품이 많이 등장할수록 3D 프린터는 일반인도 쉽게 사용할 수 있게 된다.

*출처 : Cubify 3D 시스템즈 홈페이지(http://cubify.com)

[그림 1-37] 3D 시스템즈의 센스 스캐너

# 02

## 3D 프린터의 주요 이슈

01  메탈 프린터 시장의 가능성과 개발 방향
02  3D 프린터의 워드프로세서(Killer Appication), 3D 스캐너
03  Windows 8.1과 3D 프린터, 생활 속으로
04  외국의 3D 프린터 산업 육성 방안과 기술 현황
05  총기 제조와 3D 프린팅
06  3D 프린터 정보 얻기
07  3D 프린터 특허
08  3D 프린터의 원료 및 국내·외 상황

## Chapter 01
## 메탈 프린터 시장의 가능성과 개발 방향

금속 프린터는 대부분 SLS 방식이다. 전세계 금속 프린팅 분야에서 가장 큰 회사는 독일 회사인 EOS사와 콘셉트 레이저사이다. 2011년에 60대를 판매했다.

가까운 나라인 일본도 1998년 마쓰우라 기계 제작소가 후쿠이 대학교와 파나소닉의 금속 적층 분야의 특허로 2002년에 시제품을 제작했다. 현재 판매 중인 모델은 2006년에 출시한 것으로, 매년 3대 정도씩 7년간 25대를 판매했다. 200W(STD), 400W(OP) 레이저 출력을 사용하고 실제 제작 가능 면적은 250×250×180㎜, 적층 크기는 20~100㎛, 가격은 7,000만 엔(7억 9천만 원) 정도이다. 국내에도 2대가 들어와서 금형 분야에서 많이 사용되고 있다. 국내 개발 업체로는 2015년 3월을 기준으로 SLS 프린터 개발 판매업체인 3D 월드가 유일하다.

금속 프린팅을 하는 방식은 SLS 방식과 DED(Direct Energy Deposition) 방식이 있는데, SLS 프린터가 대부분이다. 그 중요성에 대해서는 많이 언급을 했으니, 여기서는 용접 기술, 레이저 크래딩에서 시작한 DED 방식을 주로 설명하려고 한다. 업체들이 여러가지 용어를 사용하지만 메탈 프린터는 두 가지 방식이 전부이다. DMLS(Direct Metal Laser Sintering), LDT(Laser Deposition Technology) 등의 용어가 상업용으로 사용되고 있으나, 각 회사의 용어일 뿐 공식적인 용어는 아니다. 이처럼 여러 용어를 사용하지만 모두 같은 내용으로, 다른 제품과 차별화하기 위해 각자 다른 명칭을 사용한다.

제품으로는 고출력 레이저 가공기 시장의 거인인 독일의 트럼프 지엠비에취(Trumpf)의 모델이 가장 대표적이고, 그 외에 옵토맥사의 제품이 있다. 국내에 대리점이 있어, 구입이 가능하다. 옵토맥사의 제품은 포항 제철 연구소에서 한 대를 사용 중이다.

트럼프사의 상품명은 레이저 용접 분야에 디포지션 라인(Deposition Line)이다. 구성은 파우더 컨베이어(The Powder Conveyor), 메탈 파우더 컨베이어 라인(The Powder Conveyor Line), 레이저와 파우더 노즐(The Processing Optic with powder nozzle)이 있다. 적용할 수 있는 기계는 Cell 7040, Robot 5020 등이다. DED 방식은 전통적인 방식이다. 3D 프린터에만 국한된 것이 아닌 용접분야에서 적용되던 기술이기 때문에 금속 프린팅, 레이저 부품 수리(Repairing), 레이저 클래딩(Laser Cladding)의 3가지 응용 범위가 있다. 또 3축이나 5축 CNC를 기본으로 하기 때문에 레이저에서 공구만 갈아 끼우면 추가 가공이 가능하다는 장점이 있다. 레이저를 분사하면 양 옆의 노즐에서 금속 분말을 뿌리고 녹인 후 붙이는 과정이다. 3D 프린팅은 이 방식을, 그 외에는 와이어를 사용하기도 한다. 이와 같은 기본 정보로 메탈 프린팅 시장을 이해하면 좀 더 쉽게 접근할 수 있다. 다시 3D 메탈 프린팅 관점으로 돌아오면, DED 방식의 메탈 프린터는 결국 3축·5축 CNC에 익스트루더 대신 레이저를 장착하고 FDM 방식의 필라멘트 대신 금속 분말을 사용한다.

문제는 3D 프린터의 가공 기술로 만든 제품이 많이 개발되지 않았다는 점이다. 중국은 거대한 구조물, 티타늄 구조물 제작에 많이 쓰이는데, 주로 항공기의 부품이다. 전투기나 수송기의 몸체에 많이 쓰인다. 우리나라는 항공 관련 사업이 약해서, 국가 로드맵 제시하는 시기에 많은 고민을 하였다. 실제 일반 응용 범위는 SLS 방식의 프린터가 많이 사용되고 있는 현실이기 때문이었다.

가격은 15억 원 이상이며, 응용 예도 많지 않아 판매량이 매우 적다. 또한, 이후 후처리로 열처리 등을 해야하기 때문에 가공 및 부대 장비 가격도 만만치 않다. 가격이 좀 더 저렴해지고 응용 예가 많아진다면 메탈 프린터의 상용화는 시간 문제일 것이다.

현재는 프린터만 있을 뿐, 프린팅할 수 있는 소프트웨어는 거의 없다. 그렇기 때문에 소프트웨어 개발과 프린팅 노하우를 만드는 것이 매우 중요하다. 지금으로서는 FDM 방식에서 사용하는 소프트웨어와 동일한 인터페이스로 프린팅하고, 금속 레이저 프린터로 동일하게 출력할 수 있도록 구현하는 것이 최선의 방법이다. 이때 광원인 레이저가 대부분 수입품이라 고가의 장비가 될 수밖에 없는데, 여기서 우리가 추구해야 할 것은 수백만 원 대의 $CO_2$ 레이저나 저가의 에너지 발생장치를 이용하여 수천만 원, 수백만 원 대의 메탈 프린터로 만들어야 한다는 점이다. 이는 아직 전세계적으로 진행되지 않았기 때문에 우리나라가 충분히 따라갈 수가 있는 분야이다. 앞으로 많은 이들이 메탈 프린터 시장에 뛰어들어 경쟁력 있는 제품을 개발하고, 세계 시장을 이끌길 바란다.

Chapter 02
## 3D 프린터의 워드프로세서(Killer Application), 3D 스캐너

최근 3D 프린터 시장의 발달로 3차원 도면 제작이 가능한 스캐너의 필요성 또한 함께 조명되고 있다. 그러나 현재 알고리즘 개발이 필요한 3D 영상처리 스캐너는 해외 제품에 의존하고 있으며, 특수 목적을 제외한 국산 스캐너는 전무한 상태이다. 국내에서는 일부 업체에서 국산화를 진행하지만 미미한 상태이다. 현재 국내에서 일반인이 사용하기 쉬운 기술은 IR(Infinite-Realities)이다.

*출처 : http://ir-ltd.net

[그림 2-1] IR의 홈페이지

IR은 카메라로 스캐닝하는 기술이다. 원조 기술은 IR 홈페이지를 참조하면 된다. 한국에서는 큐비즘 3D사가 도입했다. 이 기술은 카메라 10대와 PC 1대면 구현할 수 있다. 또 일반인이 쉽게 구현할 수 있으며 해상도도 높고, 가격도 저렴한 편이다. 1회에 셔터로 물체를 촬영하려면 100대 정도의 카메라가 필요한데, 이 경우에는 고가의 스캐너와 가격대가 비슷하다.

[그림 2-2] IR 방식 3D 스캐닝 시 카메라 배치

위의 그림은 3D 스캐닝할 때 카메라의 배치를 촬영한 것이다. 이렇게 스캐닝 한 데이터를 후처리하면, 컬러 프린팅도 가능하다. 프린팅의 경우, 미국의 셰이프웨이사에 출력 의뢰하면 국내보다 저렴하게 출력할 수 있다. 다음 사진 속 두상 컬러 출력물이 이 과정을 통해 만들어진 것이다.

아래 사진은 필자의 흉상을 IR 방식으로 스캔한 것이다. 단색으로 프린팅했으며 프린터는 윌리봇을 사용했다.

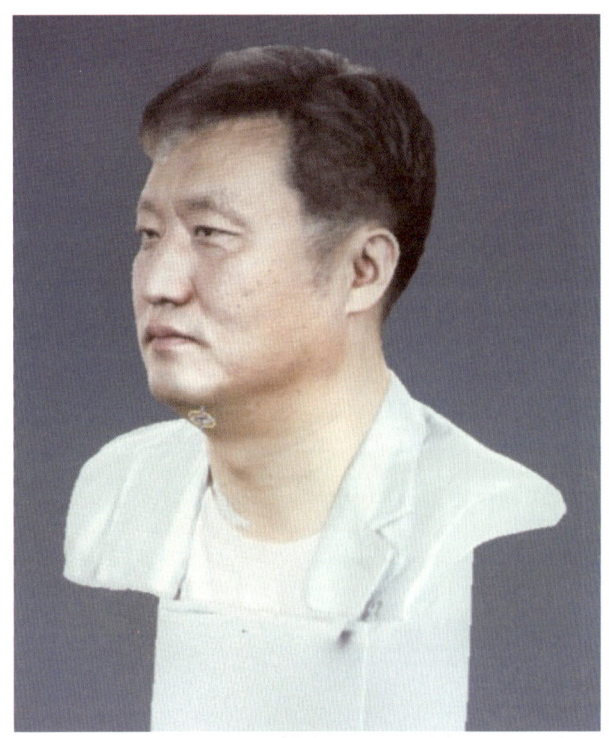

*출처 : 한국 3D 프린터 유저그룹, 큐비즘3D

[그림 2-3] 두상 스캐닝

위 사진은 컬러로 스캐닝한 것이다. 10개의 카메라로 6회 회전을 한 다음 입체 형상을 만든다. 사용하는 소프트웨어는 사진에서 많이 사용하는 소프트웨어를 사용을 하면 된다. 실제 스캐닝이 잘 안되는 머리 부분의 후처리가 필요한데, 사진 소프트웨어를 사용하면 비교적 쉽게 처리가 가능하다. 이후에는 단색으로 프린팅하기 위해 단색 STL 파일을 만든 후 윌리봇 3D 프린터나 WWC 국민 3D 프린터로 프린팅한다.

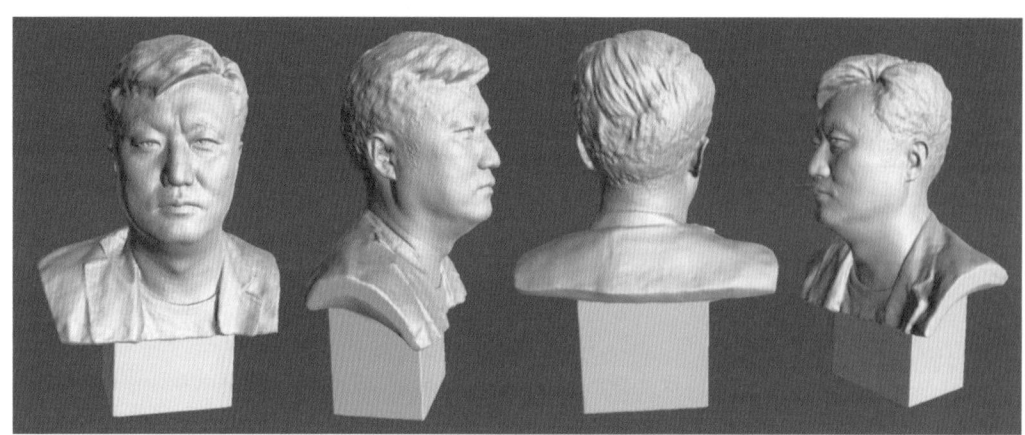

[그림 2-4] 단색의 흉상 사진

요즘에는 저가형 스캐너의 경우는 40만 원대($399) 전후의 3D 시스템즈의 센스 스캐너로 스캐닝해서 3D 프린팅을 해서 쓸 수 있다. 최근에는 이보다 성능이 우수한 스캐너들이 많이 출시되었다. 고가형의 경우는 Artec사의 스캐너를 가장 많이 사용한다. 가격대는 2,000만 원대이다.

## 산업용 CT 스캐닝

내부까지 스캐닝하는 CT 스캐닝(단층 촬영)이 가능한 제품이 있다. 이것은 생산기술연구원 인천지역 본부에 있으며, 현재 서비스 중이다. 이것은 리버스 엔지니어링(Reverse Engineering)에 활용할 수 있다. 외국의 특별한 엔진이나 부품을 내부까지 스캐닝하여 프린팅하는 등 정밀한 금형까지 만들 수 있다. 실제 우리나라에서 관련 서비스를 국가기관에서 많이 지원 하니, 기술 개발에 이용하는 것이 좋다.

Chapter 03
Windows 8.1과 3D 프린터, 생활 속으로

# 윈도우즈 8.1의 3D 프린터 드라이버 지원

3D 프린터는 이제 2D 프린터처럼 생활 속에 스며들고 있다. 마이크로소프트사가 일반 프린터처럼 프린팅하기 위해 데모를 진행하고 있으며, 라이브러리를 발표하였다. 마이크로소프트사의 숍에서 판매될 메이커봇 리플리케이터 2(MakerBot Replicator 2)를 통해 확인할 수 있다. 현재는 3D 시스템즈사의 큐브(Cube), 오토데스크(Autodesk), 다쏘 시스템(Dassault Systemes), 폼랩(Formlabs), 메이커봇(MakerBot), 티어타임(Tiertime) 등이 실제 연동하여 진행되고 있다.

이것은 3D 프린터를 일반 2D 프린터처럼 사용할 수 있다는 의미이다. 즉 3D 프린터가 일반 PC에서 프린트하듯 간편하게 사용할 수 있는 기계가 된다는 것이다. 앞으로는 먼 곳에 있는 프린팅 숍에 프린팅 서비스를 접수할 수 있을 것이다.

프로그래밍 언어인 C++에 익숙하다면 3D 프린터 API를 윈도우즈에 연결하여 프린팅할 수 있다. 또 Microsoft Visual Studio Express 2013 Preview를 사용하여 개발하거나 3D Print Sample 앱을 사용할 수도 있다. 3D 프린터가 없더라도 마이크로소프트 사의 3D Printing SDK를 다운로드하여 사용할 수 있다.

Chapter 04
## 외국의 3D 프린터 산업 육성 방안과 기술 현황

# 미국 정부의 지원 정책

미국 정부는 3D 프린터 산업에 대한 기대치가 굉장히 높다. 3D 프린터 산업은 생산하고 작동하는 인력 외에는 다수의 고용이 필요 없기 때문에 인건비로 인해 이전했던 생산 공장이 다시 돌아올 것이라고 생각하고 있다. 이는 미국 제조업의 부활을 위한 방안이다.

이 기대는 대통령의 의지로도 알 수 있다. 2013년 오바마 대통령의 의회연설에서 "3D 프린팅은 모든 생산 방식을 바꿀 혁신 기술이다. 3D 프린팅 기술을 통해 중국을 비롯해 아시아로 이전한 제조업을 미국으로 불러들이고, 국가체질을 첨단 산업 위주로 바꾸어놓겠다"고 했다. 이 야심찬 계획이 아래와 같이 진행되고 있다.

2012년 3월에는 최대 15개 국방부 직할 부대 및 기관이 참여하고 10억 달러를 투자하는 '제조업 혁신 국가 네트워크' 법령 초안을 국회에 제출했다. 국방부, 에너지부, 상무부, 국립과학재단의 3천만 달러 기금으로 3D 프린팅 특화 기관을 설립할 계획이며 향후 9천만 달러 수준으로 기금을 확대할 예정이다. 2014년에도 정책이 발표되고 있다.

대표적인 것이 미국 제조업 고도화(Advanced Manufacturing)이다. 2012년 8월에는 이 프로그램 산하 오하이오 주에 국립첨삭가공혁신연구소 NAMII(National Additive Manufacturing Innovation Institute)

를 설립하고, 3D 프린터 기술의 R&D를 총괄하기로 발표했다. NAMII는 오바마 정부의 첫 민관 공동 제조혁신재단이며 정부가 3,000만 달러, 참여 컨소시엄이 4,000만 달러를 투자했다. 이는 제조업의 쇠퇴로 사양화된 미국 중서부 지역의 공업지대(Rust Belt)를 3D 프린터를 통해 부흥시키겠다는 전략이다. 이미 NAMII를 벤치마킹하여 3곳의 AMII(Additive Manufacturing Innovation Institute)를 추가하는 작업을 본격화하고 진행 중이다.

2014년에 NAMII는 America Makes Institutes로 명칭을 변경하고, 미국 백악관에서 Maker's Fair를 개최하기도 했다.

미국 오크리지 국립 연구소(Oak Ridge National Lab, ORNL)는 MDF(Manufacturing Demonstration Facility, 제조 데모 시설) 설립을 통한 산업계의 3D 프린팅 기술 개발을 지원하고 있다. MDF는 3D 프린팅 기술 개발만을 위한 연구시설은 아니며, 기존 제조 기술과 공정 제어기술 등도 병행하여 연구한다. MDF와는 별도로 ORNL에서는 미국 정부의 지역 발전 프로그램에 참여하고, 테네시 주와 동부 20개 주의 적층 가공 클러스터 구축 사업에도 참여했다.

대표적인 예로 록히드마틴(Lockheed Martin)사와 전투기용 공기 누출 감지 브라켓(Bracket)을 적층 가공 방식(EBM)으로 개발하여 기존 기술 대비 50%의 비용 절감을 달성했다. 2014년 10월에는 로컬모터스(Local Motoers)사와 공동 연구하여 3D 프린팅된 자동차를 출시했다. 이는 자동차 제조 공정에서 새로운 시도를 하는 것이라 볼 수 있다.

## 일본 정부의 3D 프린터 산업 육성 방안

2013년 5월, 일본의 경제산업성(経済産業省)과 산업기술 종합연구소(AIST)와 시메트, 닛산자동차 등이 참여하여 주물사(沙型) 제작이 가능한 3D 프린터 개발 과제를 출범했다. 이 프린터는 금형이나 목형 대신 주물사를 제작하는 프린터이다.

주물사 프린터 개발 과제의 목표는 2017년까지 주물사 3D 프린터의 적층 시간을 기존 제품에 비해 1/10 정도로 줄이고, 대당 2천만 엔(2억2천만 원) 이하의 3D 프린터를 개발하는 것이다. 그 일환으로 월 3,000대 규모의 고급 자동차용 실린더 주물사를 생산하고 목표는 100L(100×100×10cm) 사형을 1시간 내에 적층을 하는 것이다. 현재 주물사 프린터는 1억 엔(11억 원) 정도이다. 예산은 30억 엔(330억 원)이고, 개발 기간은 2013년부터 2017년이다. 현재 응용할 수 있는 분야는 무궁무진하다. 국내에서는 생산기술연구원 인천본부에 설치가 되어 많이 사용하고 있다. 실제 응용 분야는 리버스 엔지니어링, 건설기계·선박용 디젤엔진의 실린더 헤드, 자동차용 실린더 등의 제조이다.

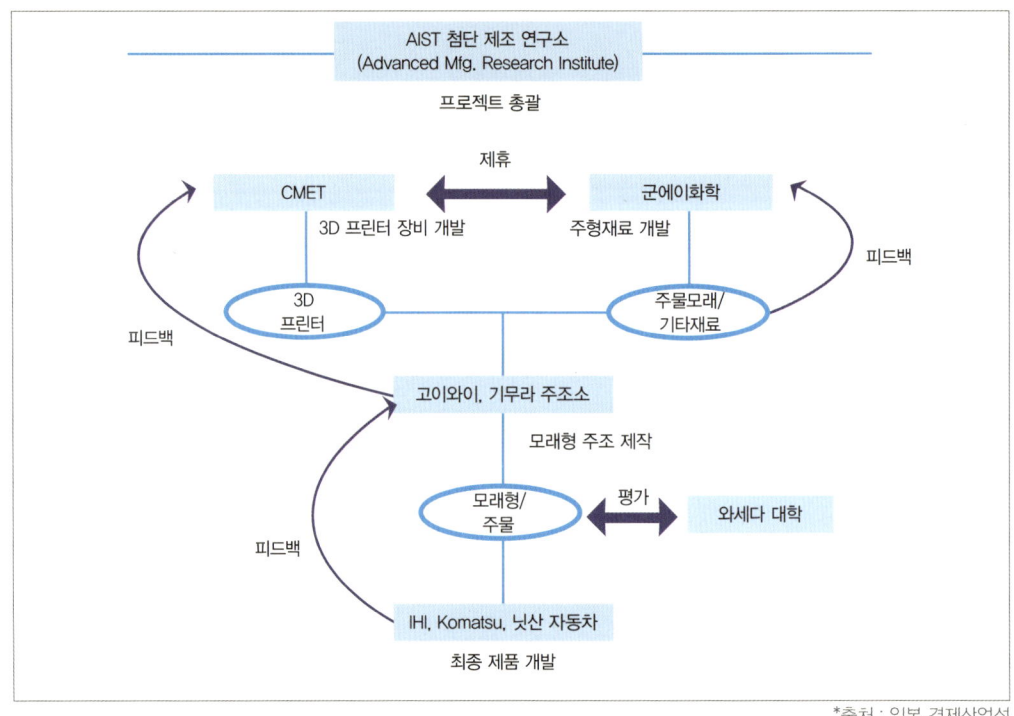

[그림 2-5] 정부 정책 과정

특히 일본은 R&D 과제와는 별도로 일본·미국·유럽·중국·한국 등 주요국의 3D 프린팅 기술 특허·논문 및 R&D 동향 조사를 병행하고, 2014년 4월 일본의 경쟁력 강화 및 대응 방안을 도출했다. 2013년에는 특허 동향을 정리한 보고도 있다.

# 중국의 3D 프린터 산업 육성 방안

중국의 제조업이 전세계에 모든 제품을 공급하고 있다. 중국 정부는 3D 프린터가 발달하여 누구나 제조업에 접근할 수 있다면 더는 중국의 값싼 노동력에 의존을 하지 않게 되고, 결국 중국의 제조업은 위기를 느낄 것이라 예상했다.

중국의 계획은 2013년 8월 베이징에서 열린 3D 프린팅 콘퍼런스에서 AMA(Asian Manufacturing Association, 중국 무역 단체 및 아시아제조업협회)의 대표인 관 루오쥔(Luo Jun)에 의해 일부 발표되었다. 그는 중국의 3D 프린팅 산업이 3년 내에 100억 위안(약 1조 6,500억 원)의 매출을 달성할 것이라 발표했는데, 이것은 2016년 미국의 홀러리포트(Wohler Associates)가 예측한 2016년 50억 달러의 1/3, 2015년 37억 달러의 절반 수준이다.

중국 정부의 노력을 자세히 알아보면, 우리나라와 많이 다른 것을 알 수 있다. 중국의 과학기술부는 '국가 기술발전 연구계획 및 2014년 국가과학기술 제조영역 프로젝트 지침'에 3D 프린터를 처음으로 포함하고, 총 4,000만 위안(약 72억 원) 규모의 연구 자금을 지원했다. 총 4개 R&D 과제이며 3D 프린터 기술에 기초한 항공기술, 고정밀 부품 제조 연구개발 등이다.

대형 항공 우주 부품의 레이저 용융 시스템의 개발 및 적용을 통해 제품 생산은 물론 복잡한 부품 및 금형 제조를 위한 대형 레이저 소결(SLS) 장비의 개발 및 응용 제품을 개발하는 것이다.

복잡한 부품구조통합설계를 위한 높은 온도와 압력의 확산 접합장비의 개발 및 응용을 육성할 예정이다. 가전 업계 3D 프린터 기반의 사용자 정의 핵심 기술의 개발 및 응용도 육성할 예정이다. 공업정보화부는 3D 프린터 산업 육성을 위한 표준화 전략 수립, 규제 정비를 준비 중이다. 또 기술 혁신 세제 혜택 등의 전략 방안을 수립 중이다.

중국 정부 이외의 분야는 대학·공기업 중 화중과기대학(华中科技大學), 북경항천(우주)항공대학(北京航天航空大學), 청화대학(清華大學), 서북공업대학(西北工业大学), 서안교통대학(西安交通大學), 중항레이저 등의 기관이 높은 기술력을 보유한 것으로 평가된다. 청화대학은 높은 기술 수준을 유지하여, 베이징타이얼타임사의 모기술을 지원할 정도로 기술력이 우수하다.

또한 중국은 2012년 10월에 세계 최초로 3D 프린팅 기술 산업연맹을 설립하고 산·관·학 협력 가속화 및 산업표준 제정을 추진했다. 연맹에는 중국 내 3D 프린터 관련 교육 기관, 협회, 기업 등 10개 정도의 회원사가 참여하고 있다. 지방 정부와 중앙정부는 장쑤성의 난징(江蘇省 南京), 쓰촨성의 쐉류(四川省 雙流), 산둥성의 칭다오(山東省 靑島), 광둥성의 샹저우(廣東省 香洲) 등에서 3D 프린터 산업 단지와 R&D 센터를 구축할 예정이다.

중국 정부가 작년에 투자한 중국 3D 프린팅 기술 산업 연합 프로젝트는 중앙정부가 2억 위안(350억 원)을 지원하고, 지방정부가 매칭 펀드를 제공하여 조성하는 것이다. 10개의 연구센터를 조성하는 프로젝트로, 2014년 3월 난징에 최초로 설립하여 운영 중이다.

## 중국의 3D 프린터 기술 현황

우리나라의 3D 프린터 산업은 정책·기술적으로 중국에 뒤떨어져 있다. 우리나라 제품은 개인용 프린터 시장이 주류이고 이제 산업용 시장으로 걸음마를 하고 있는 반면, 중국 제품은 개인용 프린터를 거쳐 산업용 프린터 시장으로 발전하고 있다. 특히 베이징타이얼타임(BeijingTiertime)사는 세계 시장 점유율이 4%를 차지할 만큼 크게 성장했다. 베이징타이얼타임사는 개인용 3D 프린터인 'UP-Plus'를 발표했다. 우리나라에서도 벤더를 통해 판매하고 있으며 산업용 제품은 전세계적으로 판매하고 있다.

중국의 제품과 기술은 점점 발전하고 있다. 중국 정부의 지원으로 세계에서 가장 큰 메탈 프린터를 개발하여 티타늄 소재의 항공 부품을 프린팅하고 자동차, 우주, 항공 등 다양한 분야에서 응용하고 있다. 국산 제품은 산업용 프린터 시장에 진출하지 못하고 있지만, 중국은 이미 많은 기업들이 산업용 제품을 만들고 있다.

Chapter 05
# 총기 제조와 3D 프린팅

2013년 미국에서 만든 3D 프린팅 권총이 세상을 떠들썩하게 했다. 한국에서도 윌리봇을 이용하여 3D 프린팅한 권총을 시험한 바 있다. 본장에서는 총기 제조 3D 프린팅의 가능성과 한계, 향후 방향에 대해 소개한다.

3D 프린터는 일반적인 공장 제조업의 형태에서 벗어나 개인이 공장형 3D 프린팅 제조까지 가능하게 만드는 세상을 만들고 있다. 3D 프린터만 있으면 원하는 것을 제조할 수 있는, 개인 공장 시대가 오고 있다. 그러나 무엇이든 제조할 수 있기 때문에 문제가 생기기도 한다. 바로 정부의 허가 없이 불법적으로 총기를 제조할 수 있다는 것이다.

총기 문제가 불거진 것은 2013년 미국에서 총기 부품을 프린팅하여 총기를 발사한 사례가 소개되면서 시작되었다. 2014년에는 전체적인 설계도를 구성한 다음 그 설계도에 따라 총을 프린팅해서 발사에 성공하기도 했다.

이 실험에는 5.7㎜ FN탄을 사용했다. 38구경의 첫 탄환은 발사에 성공했고, 두 번째 발사는 실패했다. 격발 시 사고 가능성이 있어 원격으로 실험했으나 폭발했다. 이 실험에서 가장 큰 의미는 처음으로 3D 프린팅된 권총을 사용했다는 것이다. 다만 1발 발사에만 성공했기 때문에 필자의 관점에서는 이 실험이 성공이라고 보기 어렵다. 이 실험은 3D 프린팅의 가능성만 보여 주었다고 생각한다. 이 실험은 미국 언론인 포브스(Forbes)가 취재한 내용이 대부분의 언론사를 통해 보도되었고, 디펜스 디스트리뷰티드 그룹(Defense Distributed, Wiki Weapon Project)은 설계도와 함께 3D 프린터로 제작하는 과정을 담은 동영상을 인터넷에 게시했으나, 무단복제 및 법률 위반이 문제되어 해당 게시물을 삭제했다. 2014년 12월 일본에도 같은 일이 발생하여 최초 게시자가 실형을 선고받았다.

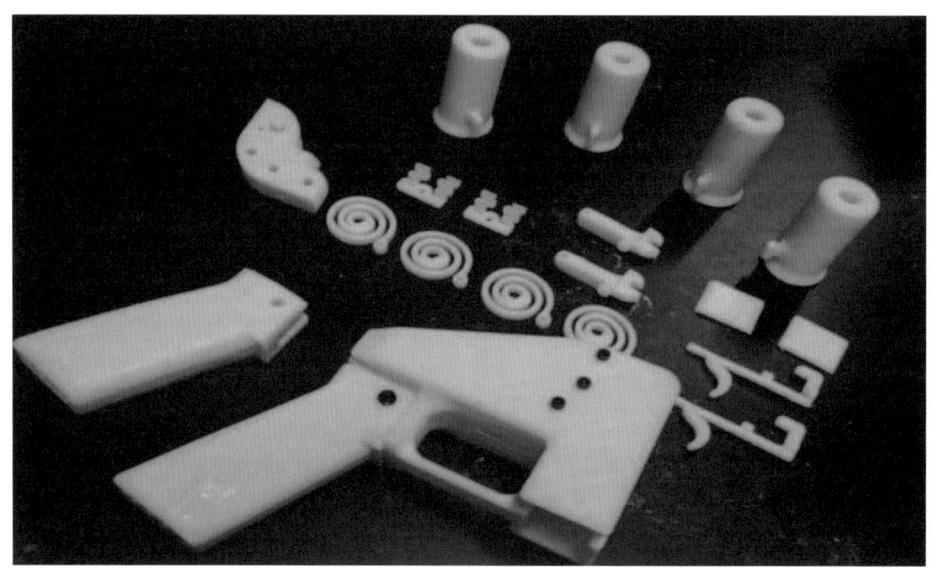

[그림 2-6] 윌리봇으로 프린팅한 권총의 부품, 경찰 조사 완료

디펜스 디스트리뷰티드 그룹에서 공개한 설계도는 정확한 수치가 표시된 것이 아니라 확대나 축소할 수 있도록 제작되었다. 그래서 일정 비율을 축소나 확대하면 실제 탄환의 크기에 맞춰 제작할 수 있었다. 이처럼 3D 프린터로 출력한 총이 범죄에 악용될 우려가 있어, 동영상은 미국 정부의 요청에 따라 삭제되었다. 그러나 설계도를 공개한 후 이틀 만에 다운로드 건수가 10만 건에 달했다고 한다. 가장 많이 다운로드한 국가는 스페인이었으며 미국, 브라질, 독일, 영국 순이었다.

총기 부품 16개 중에서 공이(Hammer)를 제외한 모든 부품을 3D 프린팅으로 제작한 이 총기는 리버레이터(Liberator)라고 불린다. 이 총기는 2차 세계대전 당시 호신용으로 사용한 총기와 비슷하다는 평가를 받았다. 이 총기 제작에 사용된 프린터는 8,700 달러인 중고 3D 프린터 스트라타시스 제품으로, 산업용으로도 판매 중이다. ABS, PLA 플라스틱을 사용한 총기 제작은 소재 때문에 현실적으로 가능하지는 않지만, 충분히 언론에 이슈화될 만한 문제이다.

우리나라에서는 필자가 한국경제신문의 요청에 따라 윌리봇을 이용하여 리버레이터를 프린팅했다. 한국경제신문에서 리버레이터 권총의 설계도 파일을 제공하여 이틀에 걸쳐 제작했다. 리버레이터의 설계도만으로는 프린팅이 불가능했고, 여러 가지 변환을 수행해야 했다. 이는 한국경제신문에 제출되어 언론에 대대적으로 보도되기도 했다. 출력한 리버레이터를 경찰청에 임의 제출한 결과, 총기로 사용할 수 없다고 판단되어 총기 제작 프로젝트는 종료되었다. 결국 가정용 프린터로는 총기 제조가 힘들다는 결론이 내려졌다.

필자가 진행한 총기 제작 프로젝트는 한국경제신문이 경찰청 본청에 제작 시험을 요청한 다음 동의를 받아 진행했다. 사전에 충분히 설명하고 허가를 받은 다음 제작했음에도 불구하고, 언론 보도된 이후 경찰서에서 3회에 걸쳐 방문 조사를 했다. 우리나라 헌법 상 총포·도검·화약류 등 단속법 제11조 모의총포의 제조·판매·소지의 금지 조항에 따라 개인의 총기 및 유사 총기 제조·판매·소지는 2년 이하의 징역 또는 500만 원 이하의 벌금형에 처한다. 그래서 경찰과의 협의 없이 진행하는 것은 형사 처벌을 면하기 어려우니 주의해야 한다.

물론 3D 프린터에 의한 총기 제조나 사용에 대한 규제와 대책이 마련되어야 한다. 그러나 우리나라는 이미 충분한 법령이 있어, 새로운 법령이 필요하지는 않다. 미국이나 이스라엘에서는 3D 프린터로 총기를 제작하는 것에 제한을 두는 법안이 제출되고 있다고 한다.

[그림 2-7] 월리봇 3D 프린팅의 설계 화면

Chapter 06
# 3D 프린터 정보 얻기

3D 프린터와 관련된 자료를 구하려면 크게 3가지 매체를 참고하는 것이 좋다. 외국의 시장 조사 리포트 중에서 가장 많이 인용되는 것이 홀러리포트(Wohler Report)이다. 이전까지는 크게 각광받지 못하다가 2013년 오바마 대통령의 국정 연설 이후 우리나라에서 발표하는 모든 시장 조사 결과는 홀러리포트의 자료를 인용한다.

인터넷 사이트로는 3ders(www.3ders.org)가 있다. '3D'에 사람을 뜻하는 접미사 'er'을 붙인 것으로, 이 사이트는 3D 프린터에 대한 모든 내용을 살펴볼 수 있다. 내용의 중요도와 상관없이 모든 정보를 살펴볼 수 있지만, 해당 내용의 신뢰 여부는 사용자가 직접 판단해야 한다는 단점이 있다.

국내 인터넷 사이트는 대부분 업체와 연관되어 있는 경우가 많다. 그래서 이해관계에 따른 주관적인 견해가 많아, 3D 프린터에 대한 잘못된 정보를 게시하는 경우가 많다. 1~2인 등 영세한 규모로 운영되기 때문에 외국 매체의 번역도 제대로 되지 않은 경우가 대부분이다. 그래서 조금 번거롭더라도 외국 사이트를 직접 검색하는 것이 좋다.

3D 프린터 카페는 주로 3D 프린터 판매 회사가 운영하는 경우가 대부분이기 때문에 회사에 유리한 정보만 실어 객관성이 떨어진다. 그 중 객관적이면서 1만 명 이상의 기술 인

력을 보유한 카페가 한국 3D 프린터 유저그룹 네이버 카페(http://cafe.naver.com/3dprinters)이다. 여기에는 하드웨어 개발 정보, 10만 원대 오픈 소스 국민 3D 프린터 자작 정보 등 모든 정보가 담겨 있다. 한국에서 3D 프린터에 관련된 사람은 대부분 이 카페의 회원이라고 해도 과언이 아니다.

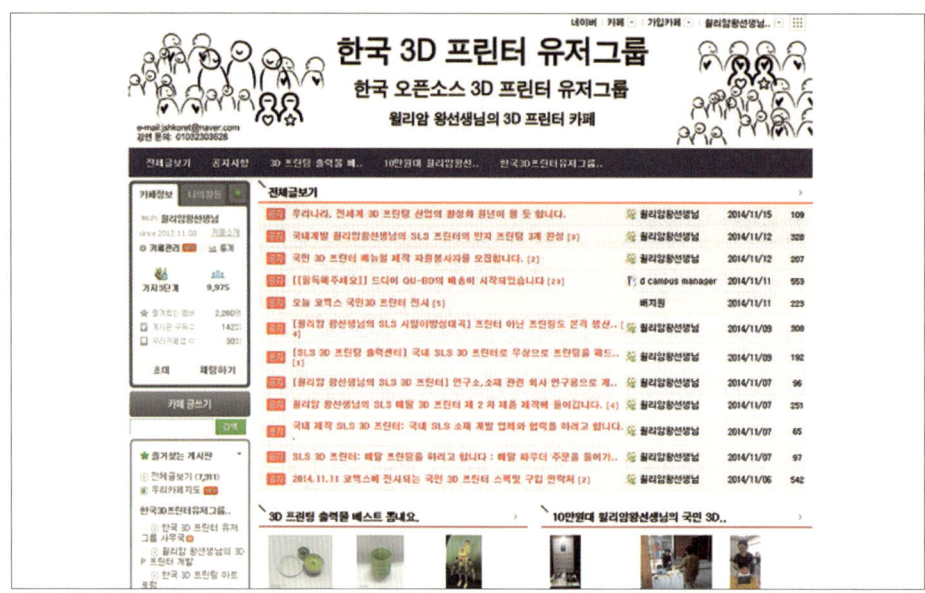

[그림 2-8] 한국 3D 프린터 유저 그룹 네이버 카페

국내에는 캐드앤그래픽스(Cad&Graphics)에 우리나라에서 판매되는 3D 프린터의 광고와 기사가 실린다. 3D 프린터 판매자나 구입자가 가장 많이 보는 관련 잡지이다. 현재는 보도자료 형태의 기사가 많지만, 그럼에도 불구하고 가장 우수하고 객관적인 잡지라고 할 수 있다. 그 밖에도 마이크로소프트웨어(http://www.imaso.co.kr)도 매우 유용한 정보를 제공하니 살펴보길 바란다. 최근에는 3D 프린팅 전문 잡지도 출간되었다.

연구 분야를 살펴보면 여러 학회에서 3D 프린터를 취급하고 있다. 국내 학회의 경우 금속재료학회의 3D 프린터 분과, 주조공학회가 대표적으로 3D 프린터를 연구하고 있다. 국내 3D 프린터 관련 협회는 미래창조과학부와 산업통상자원부 산하의 연구기관들이 있다.

미래창조과학부 산하는 협회와 조합으로 구성되어 있다. 그 중에서도 한국 3D 프린팅 협회는 대기업과 중소 기업 등이 조화롭게 구성되어 있다. 3D 프린팅 연구조합은 300억 원 매출의 소규모 화학 소재 회사의 이사장 위주로 구성된 조합이다. 산업통상자원부 산하는 3D 융합산업협회, 한국 3D 프린팅 산업협회(구미)를 기반으로 지방 업체 중심으로 구성되어 있으며 비교적 활발하게 활동 중이다.

협회에 가입을 한다면 미래창조과학부의 3D 프린팅 협회나 3DFia에 가입하는 것이 정부 관련 일을 하기에 도움이 많이 된다. 다른 협회는 민간에 의해 유지하다 보니, 예산이나 여러 가지 면에서 어려움을 겪을 수 있으니 조심한다.

# Chapter 07
# 3D 프린터 특허

특허는 개발자에게 매우 유용한 정보이다. 3D 프린터를 개발할 계획이 있다면 전세계의 특허를 조사하고, 이것을 잘 활용하는 것이 중요하다. 다음 표에서 대표적인 특허가 어떤 것이고, 이 특허가 시장에서 언제 상용되었는지를 알 수 있다. 현재 3D 프린터 관련 특허는 만료되고 있으나, 아직도 만료되지 않은 특허가 많기 때문에 꼼꼼히 조사를 하지 않으면 큰 문제가 생길 수 있다. 특히 특허 소송 때문에 오랜 시간에 걸쳐 개발한 제품을 판매하지 못하는 경우가 발생할 수 있다.

[표 2-1] 3D 프린팅 대표기술 만료 시기 및 파급 효과

| 대표기술 | 만료시기 | 파급효과 |
|---|---|---|
| SLA(미국) | 2004년 8월 | 최초 특허 만료로 관심 증대 및 가격 인하 |
| FDM(미국) | 2009년 10월 | 3D 프린팅 대중화(RepRap 확산) |
| SLS(미국) | 2014년 2월 | 주요 공정특허 만료로 제 3차 확산 |
| DMLS(미국) | 2014년 8월 | Metal 3D 프린팅 확산 예상 |
| 3DP(미국) | 2016년 9월 | 트루컬러 구현 3D 프린팅 확산 예상 |

*출처 : 2014 국가 3d 프린팅 산업전략

국내 3D 관련 특허는 30개 미만으로 조사되었다. 다음 자료는 필자가 테라아이피씨 법률

사무소의 변리사에게 의뢰하여 추출한 결과이다. DMLS 기술은 3건으로, EOS 사가 해당 특허권을 가지고 있다. SLA 기술은 9건으로, 3D 시스템즈사가 해당 특허권을 가지고 있다. 제트코퍼레이션이 보유한 특허는 4건이며 국내의 의료관련 3D 프린터 특허와 일반 3D 프린터 특허가 7건이다. 윌리봇이 보유한 특허가 3건이며, 캐리마는 2건의 특허를 보유한 것으로 조사되었다.

[표 2-2] 3D 프린트 기술에 관한 국내 특허 출원 사례(~2013 공개)

| 출원일자 | 발명의 명칭 | 출원인(국적) |
| --- | --- | --- |
| 1999.05.07 | 3D 인쇄장치, 3D 칼라조형장치 및 이를 이용한 3D 컬러복사장치 | 한국과학기술연구원(한국) |
| 1999.09.09 | 3D 인쇄 물질 시스템과 방법 | 제드 코퍼레이션(미국) |
| 2011.05.15 | 3D 프린터 장치 | 사단법인 고등기술연구원 연구조합(한국) |
| 2002.02.12 | 3D 인쇄 | 제드 코퍼레이션(미국) |
| 2005.09.15 | 3D 프린터를 보수하기 위한 장치 및 방법 | 제드 코퍼레이션(미국) |
| 2005.09.15 | 3D 프린터를 보수하기 위한 장치 및 방법 | 제드 코퍼레이션(미국) |
| 2007.05.21 | 3D 프린터 | 가부시키가이샤 미마키 엔지니어링 외(일본) |
| 2007.05.25 | 3D 프린터 내에서 재료를 처리하기 위한 인쇄 헤드 및 정치 및 방법 | 제드 코퍼레이션(미국) |
| 2008.03.03 | 3D 프린터 | 가부시키가이샤 미마키 엔지니어링 외(일본) |
| 2008.03.03 | 3D 프린터 | 가부시키가이샤 미마키 엔지니어링 외(일본) |
| 2008.03.03 | 3D 프린터 | 가부시키가이샤 미마키 엔지니어링 외(일본) |
| 2008.12.30 | 3D 물체를 인쇄하기 위한 장치 및 방법 | 엑사테크 엘.엘.씨(미국) |
| 2009.02.13 | 악교정시 수술용 웨이퍼 제작 방법 | 주식회사 오라픽스(한국) |
| 2009.09.03 | 3D 인쇄 및 디지털 제작용 자외선 경화성 겔화제 잉크 | 제록스 코포레이션(미국) |
| 2009.11.20 | 화상형상 변형장치, 화상형상 변형 방법 및 화상형상 변형 프로그램 | 가부시키가이샤 미마키 엔지니어링 외(일본) |
| 2009.11.20 | 인쇄 데이터 생성장치, 인쇄 데이터 생성방법 및 인쇄 데이터생성 프로그램 | 가부시키가이샤 미마키 엔지니어링 외(일본) |
| 2010.10.11 | 3D 프린터 | 블루 프린터 에이피에스(덴마크) |
| 2010.10.20 | 3D 광경화 잉크젯 프린팅 시스템 | 주식회사 씨드(한국) |

| 출원일자 | 발명의 명칭 | 출원인(국적) |
|---|---|---|
| 2011.02.01 | 두개골성형술에 적용되는 맞춤형 두개골임플란트의 제작방법 | 고려대학교 산학협력단(한국) |
| 2011.04.21 | 3D 인쇄용 경화성 조성물 | 제록스 코포레이션(미국) |
| 2011.09.15 | 잉크젯 프린팅 방법을 사용하여 제조된 고분자 약물전달체 및 이의 제조방법 | 한양대학교 산학협력단(한국) |
| 2011.10.09 | 멀티프로젝션을 이용한 고해상도 치아 모델 제작용 3D 프린터 | 이명홍(한국) |

3D 프린터 관련 특허는 전세계적으로 12,000여 개에 달한다. 지금부터는 각 방식별 특허에 대해서 알아본다. 2014년 2월에 특허가 만료된 SLS 기술부터 이미 특허가 만료된 FDM, SLA, DLP 기술에 대해 알아본다. 이 과정은 3D 프린터 개발자에게 매우 중요한 정보이다. 다음 특허를 잘 살펴보고 개발을 하는 것이 중요하다. 특허 번호만 잘 정리되어 있어도 특허 조사에 많은 도움이 될 것이다.

현재 원천 특허인 방식(Method) 특허는 만료가 되었으나. 부가적인 디바이스 특허는 만료되지 않은 상황이어서 제품 제작과 판매에는 아직 장애물이 많이 있다.

ME 방식은 프린트물이 성형되는 체임버 오븐(Chamber Oven)의 온도 제어가 중요하기 때문에 이 분야에 대한 특허조사가 필요하다. 국가별 특허 출원건수 추이는 다음 그림과 같다.

국내에서는 로킷(에디슨), 오브젝트빌드(윌리봇) 등이 디바이스와 소재 부분의 특허를 출원했다. 최근 10년간 ME 관련 특허출원은 미국이 주도하고 있으며, 2008년까지 꾸준히 증가하다 이후 감소하는 추세이다. 국가별로는 미국(75.8%)과 유럽(12.9%), 일본(4.9%), 중국(1.9%), 한국(1.1%) 순으로 나타난다.

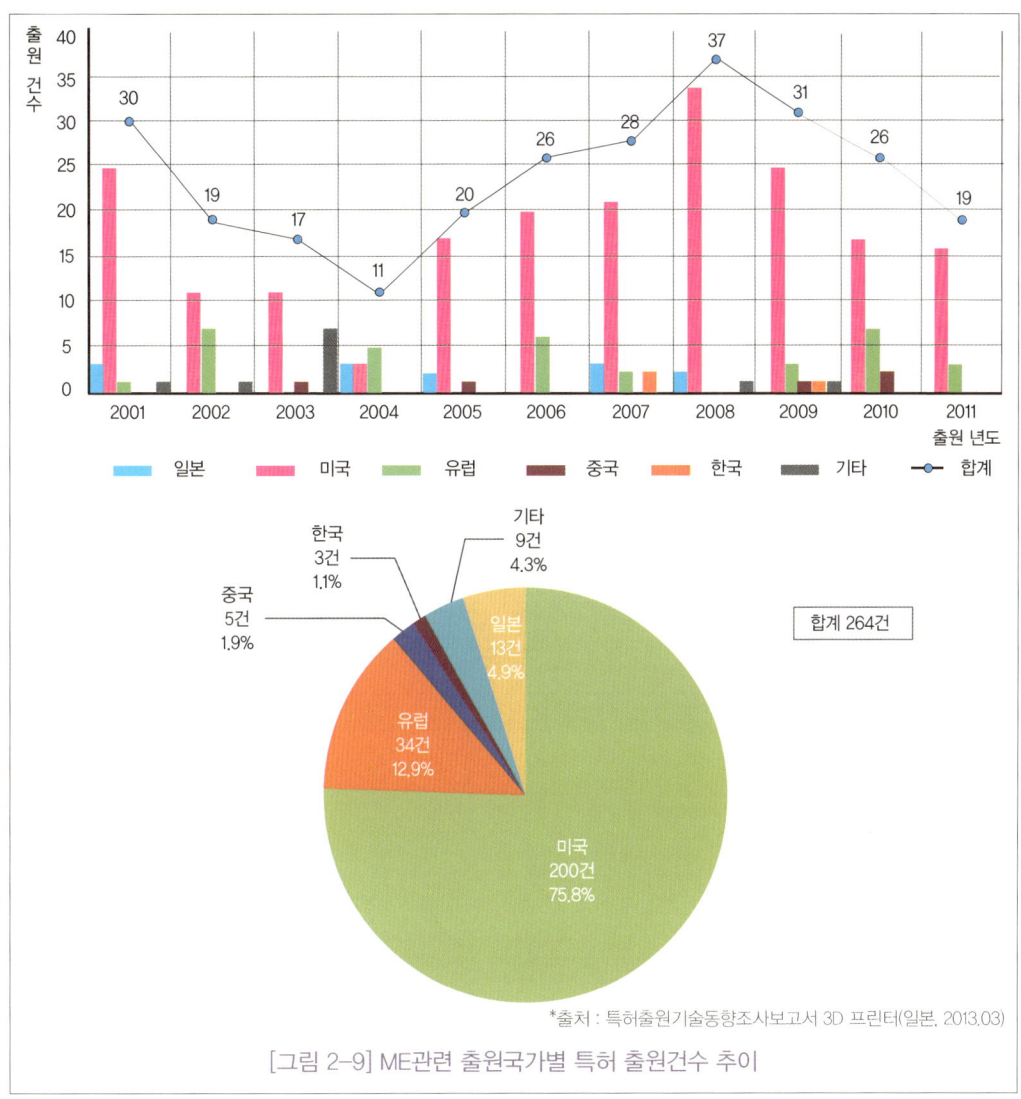

[그림 2-9] ME관련 출원국가별 특허 출원건수 추이

# SLS 특허

3D 시스템즈사의 원천 특허가 2014년 2월에 만료되었다. 이 특허는 텍사스 주립대학이 가지고 있는 특허인데, 그 이후에 DTM사가 인수한 다음 3D 시스템즈에 매각되어 3D 시스템즈의 원천 특허를 가지고 있다고 이야기한다. SLS 방식은 높은 정밀성을 가지며 다

소 고가이나 특허 만료 이후 제품 프린터 가격대가 하락하면서 사용이 확대될 것으로 예상된다. 초기 SLS 방식을 고안한 칼 데카드(Carl Dekard)는 텍사스 주립대학교에 재학할 당시 SLS 방식을 고안하며, 이후 DTM사에서 관련 연구 진행하였다.

총 10가지가 중요한 특허이다. 그 중에서 9가지 특허를 텍사스 오스틴 대학이 가지고 있으며 2014년에 만료되었다. 각 특허는 주요 청구항이 있어, 특허를 한정한다. 아래는 특허 중 하나를 분석한 것이다. 영문 특허이고 청구항(Claims)이 제일 중요한 부분이다. 영문 특허를 읽는 것이 프린터 개발자에게 가장 필수적인 항목이니 엔지니어라면 꼭 한 번 읽어보길 바란다.

[표 2-3] 텍사스 오스틴 대학이 가지고 있는 특허의 예

| Title | Metal powder composition for laser sintering |
|---|---|
| 출원일 | 2004.06.14 |
| 만료일 | 2024.06.14 |
| 주요 청구항 | A powder blend for use in a laser sintering process comprising a polymeric binder, a high melting temperature fine particulate and a steel alloy selected from the group consisting of a mild steel alloy, a carbon steel and a stainless steel.<br>The powder blend according to claim 1 wherein the steel alloy ranges in size from less than about 90 microns to about 4 microns<br>11. The powder blend according to claim 1 wherein the polymeric binder is selected from the group consisting of polyethylene, polypropylene, polyacetal, polymethacrylate, polyvinylacetate, nylon, wax, phenolic and combinations thereof |

*출처 : 테라특허법률사무소 김태선 변리사

텍사스 오스틴 대학이 가지고 있는 SLS 원천 특허는 0부터 9번까지의 특허가 있다. 이중에 이전 특허는 DTM사가 원천 기술 특허로 문제가 될 것을 대비해서 다른 특허권자에게 구입한 것이다. 특허 번호는 4247508이고, 원저자는 Ross F. Householder, 만료일은 1979년 12월 3일 1979이다. 구입한 특허는 4863538이 데커드가 처음 등록한 특허와 유사한 특허이기 때문에 구입한 것이다. 다음 표는 텍사스 오스틴 대학이 가지고 있는 1~9번까지의 특허이다.

[표 2-4] 텍사스 오스틴 대학이 보유한 특허

| 특허 명 | 출원일 | 번호 |
|---|---|---|
| Multiple material systems for selective beam sintering | 1994년 3월 21일 | 5382308 |
| Multiple material systems for selective beam sintering | 1992년 9월 25일 | 5296062 |
| Method of producing high-temperature parts by way of low-temperature sintering | 1992년 3월 20일 | 5284695 |
| Selective laser sintering of parts by compound formation of precursor powder | 1990년 12월 7일 | 5156697 |
| Multiple material systems for selective beam sintering | 1990년 7월 30일 | 5076869 |
| Selective laser sintering with assisted powder handling | 1990년 7월 2일 | 5053090 |
| Multiple material systems for selective beam sintering | 1989년 9월 5일 | 4944817 |
| Selective laser sintering with assisted powder handling | 1989년 9월 5일 | 4938816 |
| Method and apparatus for producing parts by selective sintering | 1986년 10월 17일 | 4863538 |

*출처 : 테라특허법률사무소 김태선 변리사

EOS는 DTM의 일부 특허를 사들여, 현재 가장 많은 특허를 보유하고 있다. 현재 대표적으로 특허를 가지고 있는 회사는 EOS, 3D 시스템즈사이다.

## ME 특허

2008년 스트라시스 사의 원천 특허가 만료되어 시장이 확대되는 계기가 되었다.

## SLA 특허

SLA 대표적인 특허는 찰스 헐(Charles Hull)이 출원한 특허가 대표적이다. SLA 특허는 대표적인 특허이니 꼭 알아 두어야 한다. 이 분야는 주로 3D 시스템즈사가 370여 건의 특허를 보유하고 있다. 3D 프린터 관련 특허 중 분쟁이 많은 분야이기도 하다. 현재 Form1을 판매하는 FormLab사와 3D 시스템즈사가 SLA 특허 분쟁 중이다.

## DLP 특허

DLP 특허는 엔비전텍이 원천 특허 기술을 보유하고 있으며, 90여 가지의 특허를 보유하고 있다. 국내에는 카리마사가 이 방식을 이용해서 제품을 판매하고 있다. 엔비젠텍 홈페이지에서 특허에 대한 자세한 내용을 확인할 수 있다.

## 중요한 특허에 대한 자료 검색

역사적으로 중요한 특허, 기본 기술, RT(Rapid Tooling, RP의 상대적인 개념으로 공작물을 만드는 것과 다른 공작물을 만드는 몰드나 틀을 만드는 기술), RP, 의료용, 쾌속 생산에 대한 특허를 정리하는 것이 좋다. 특허를 정리할 때는 연도별로 정리해야 원하는 자료를 찾기가 편하다.

Chapter 08
# 3D 프린터의 원료 및 국내·외 상황

3D 프린터의 발전을 위해서는 3가지 선행 조건이 있다. 그것은 정확도, 속도, 소재의 다양성이다. 이 중 정확도와 속도는 기계적인 문제이다. 소재의 다양성은 프린터 판매 업체와는 별개로 성장할 수 있는 시장이다. 국내에서 판매되는 외국산 고가 프린터의 경우 타회사에 원료를 공급하지 않는다. 또 타 회사 제품도 사용할 수 없다. 이유는 원료의 매출이 그 회사 전체 매출의 25% 이상을 차지하기 때문이다.

먼저 FDM의 경우를 알아보자. 스트라타시스사의 제품은 동일한 ABS 1kg이 국내 제품일 때는 16,000원이지만, 외국산은 국내 제품에서 사용할 수 없도록 카트리지로 제작하여 40만 원 이상으로 판매하고 있다. 우리나라의 제품은 어느 프린터와도 호환되도록 설계되어 널리 판매되고 있다.

소재 부분에서 스트라타시스사의 제품은 ABS 외에 다양한 수지를 필라멘트로 사용할 수 있다. 그러나 개인용 FDM 프린터는 ABS, PLA만 필라멘트로 사용할 수 있다. 현재는 나일론, 나무 등의 재료가 추가되고 있다.

필라멘트 색상은 산업용의 경우 ABS 형태로 제공되며, 개인용은 ABS, PLA 모두 제공된다. 일반적으로 PLA의 색상이 더 우수하다. 다음은 국내에서 판매되는 PLA의 색상 목록이다.

[표 2-5] 국내에서 판매 중인 필라멘트의 색상 목록

| 색상 명 | 중량 (단위 : kg) | 길이 (단위 : mm) | 색상 명 | 중량 (단위 : kg) | 길이 (단위 : mm) |
|---|---|---|---|---|---|
| Natural | 1 | 1.75 | Translucent Glass Green | 1 | 1.75 |
| Translucent Red | 1 | 1.75 | Translucent Blue | 1 | 1.75 |
| Yellow | 1 | 1.75 | Pink(ABS) | 1 | 1.75 |
| Blue | 1 | 1.75 | Gold(ABS) | 1 | 1.75 |
| White | 1 | 1.75 | Silver(ABS) | 1 | 1.75 |
| Red | 1 | 1.75 | Yellow(ABS) | 1 | 1.75 |
| Translucent Fabric Yellow | 1 | 1.75 | Orange(ABS) | 1 | 1.75 |
| Brown | 1 | 1.75 | Green(ABS) | 1 | 1.75 |
| Gray | 1 | 1.75 | Gray(ABS) | 1 | 1.75 |
| Pink | 1 | 1.75 | Red(ABS) | 1 | 1.75 |
| Glow In Dark | 1 | 1.75 | Black(ABS) | 1 | 1.75 |
| Black | 1 | 1.75 | White(Ivory)-(ABS) | 1 | 1.75 |
| Translucent Fabric Green | 1 | 1.75 | Clear(ABS) | 1 | 1.75 |
| Translucent Purple | 1 | 1.75 | Blue(ABS) | 1 | 1.75 |
| Translucent Orange | 1 | 1.75 | | | |

[그림 2-10] 목분 필렛으로 필라멘트를 만드는 과정

국내에서 판매되는 수입한 나일론 필라멘트, 3D 프린터에서 사용이 가능하다. 위의 그

림은 윌리봇에서 개발 중인 목재를 이용한 필라멘트이다. 상용화가 되면 나무 형태로 3D 프린팅할 수 있는 것이다. 목재 필라멘트는 MDF(Medium Density Fibreboard, 중질섬유판)와 성격이 비슷하다고 볼 수 있다. 현재 국내에서는 수입산 목재 필라멘트를 판매하고 있다.

[표 2-6] ABS와 PLA 필라멘트의 비교

| 항목 | ABS | PLA |
| --- | --- | --- |
| 노즐 온도 | ~225℃ | 180~200℃ |
| 히트 베드 | 필요함 | 있으면 좋음 |
| 노즐 쿨링팬 사용 여부 | 없어도 작업 가능 | 있으면 품질이 좋아짐 |
| 출력물 고정 테이프 | 폴리이미드 계열의 테이프 (Polyimide Tape) | 종이 테이프 |
| 유의 사항 | 필라멘트 사용이 비교적 용이 | 필라멘트 사용이 비교적 복잡함 |
| 후처리 | 갈라지고 들뜨거나 말림 | 모서리에 후처리 필요 |
| 소재 특성 | 탄력성 좋음 | 깨지기 쉬움 |
| 접착성 | 솔벤트나 접착제에 잘 붙음 (Acetone or MEK) | 접착제에 잘 붙음 |
| 프린트시 발생하는 냄새 | 나쁨 | 좋음 |
| 원재료 | 석유 화학제품 | 식물성 제품 |

출력 시 필라멘트를 사용하면 히트베드나 온도를 낮출 수 있다. PLA는 인체 유해성이 적은 것이 특징이다. ABS는 기술의 순도만 유지하면 PLA 제작이 어렵지 않기 때문에 다양한 제품이 출시될 예정이다. 대부분의 PLA를 사용할 수 있으며, 현재는 많은 제품이 판매되고 있다. PLA는 인터넷에서 손쉽게 구입할 수 있다.

PLA 원료는 현재 미국, 중국산 원료가 세계 시장에서 소비되고 있다. 주요 제작처는 한국, 중국, 중국 OEM 등이다. PLA 원료는 프린팅 도중에 거품이 발생하거나 경도가 일정하지 않아 문제가 생길 수 있다. 자세히 알아보면 프린터의 기어가 필라멘트를 제대로 밀지 못해 출력되지 않거나 필라멘트가 꼬여서 나오지 않는 경우 등을 예로 꼽을 수 있다. 하지만 이 문제들은 대부분 해결되었다.

기타 보조 필라멘트가 있는데, 간략하게 설명한다. PVA, HIPS는 용제나 물에 녹는 서포터 필라멘트로 고품질 프린팅을 할 때 필요한 제품이다. 프랩스에서 유일하게 공급하고 있다가 이제는 여러 업체가 수입을 공급하고 있다. 나일론은 오브젝트를 휠 수 있어서 활용도가 매우 높은 재료이다. 현재 국내 제품은 없고, 외국에서 수입해서 판매하고 있다. PC(Polycarbonate)는 렌즈나 커버 등에 사용되는 재료이다. 열에 강하고 단단하며 투명도가 높아, 외국에서 많이 사용하고 있는 재료이다. 아직 우리나라에는 소개되지 않았다.

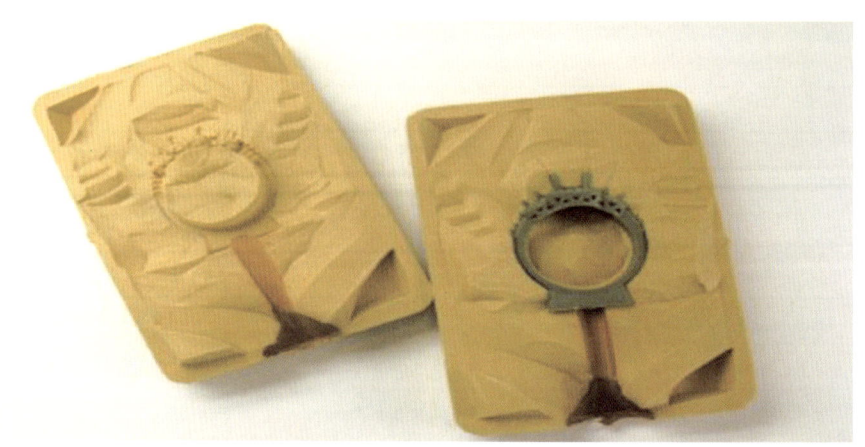

[그림 2-11] 목분 필렛으로 필라멘트를 만드는 과정

UV 레진은 국내 업체를 비롯한 여러 업체에서 개발 중이다. 현재 국내에 카리마가 DLP 프린터를 공급하며 원료를 공급하지만, 일반 판매는 하지 않는다. 월리봇 카페는 국내외 업체와 협의를 통해 원료를 개발 중이다. UV 레진은 엔지니어링 플라스틱급, ABS급, 왁스급 등 종류가 매우 다양하다.

SLS 재료는 국내 제품이 전무하다. 마찬가지로 메탈 프린터나 플라스틱 급의 SLS 재료도 공급되지 않는다. 2014년 최근에 국내에서 SLS 프린터가 개발되어, 개발 업체인 3D 월드에서 국내에 공급을 하고 있다. 플라스틱, 메탈 파우더 형태로만 공급되고 있다. 저가형 광경화성 수지는 미국의 마커주스(Makerjuice)사가 판매하고 있으며, 국내에서도 수입 대행 업체가 있다.

# 03

## 3D 프린터 응용 사례

01  3D 프린팅 사례 – 일반적인 사례, 패션 등 응용
02  3D 프린터 응용 사례 – 산업체나 실제 업계 응용 예
03  오픈 소스를 이용한 프린팅 완성 사례
04  프린팅 서비스업체

## Chapter 01
## 3D 프린팅 사례 – 일반적인 사례, 패션 등 응용

## 실제 생활 속 3D 프린터의 활용

이번 장에서는 산업 현장이 아닌 실생활에서 접할 수 있는 프린터 활용 분야를 알아본다. 우리 주변에는 본격적으로 프린터를 사용하고, 출력해본 사람들이 생각보다 많다. 지금부터의 설명은 직접 구입부터 사용이 가능한 윌리봇 프린터나 필자의 국민 3D 프린터로 예를 들었다. 인터넷 신문이나 잡지에서 보도되는 프린팅 사례는 외국에서나 벌어지는 것이라 느낄 수 있다. 하지만 이제는 우리나라에서도 충분히 벌어질 수 있는 일이다.

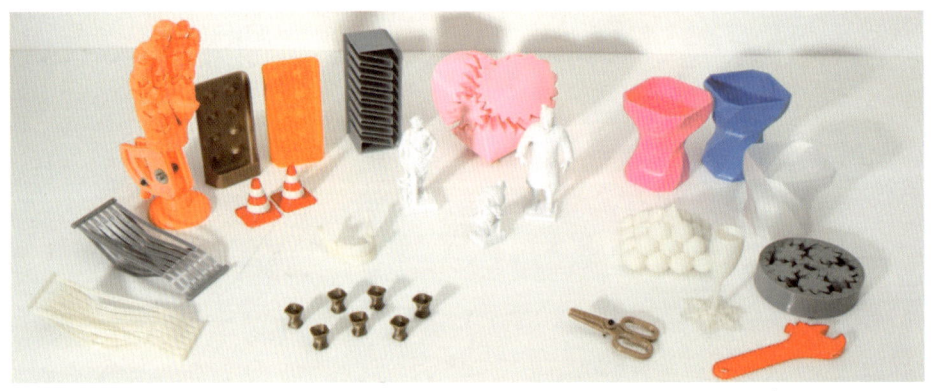

\*출처 : 오브젝트빌드

[그림 3-1] 윌리봇 3D 프린팅의 예

다음 그림은 윌리봇과 국민 3D 프린터로 출력한 작품들이다. 3D 프린터를 활용하면 실제 생활에서 필요한 다양한 오브젝트를 출력할 수 있다. 일상 생활에서 사용할 수 있는 물건을 출력하여 사용하거나 판매할 수 있고, 구입도 가능하다.

다음 사진은 윌리봇 카페의 윌리봇 유저의 작품으로, 컴퓨터 그래픽 프로그램으로 디자인하고 STL 파일로 변환한 다음 윌리봇 프린터로 프린팅하여 실제 생활에서 사용한 예이다.

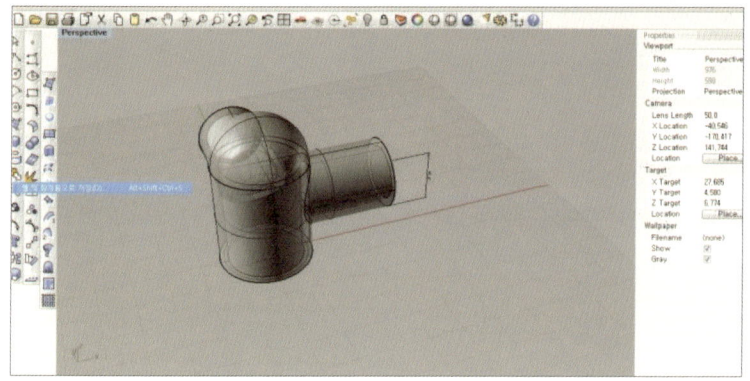

[그림 3-2] 3D 캐드를 이용하여 동일하게 디자인

*출처 : 충청대학교 이준서 교수

[그림 3-3] 6기통 엔진 모형

103

다음 사진은 윌리봇 사용자인 도너츠의 작품으로, 카메라의 렌즈 후드를 출력한 것이다. 사용자가 원하는 대로 디자인하여 출력할 수 있다. 이 때 검은색 필라멘트로 출력하거나 완성한 출력물을 채색하면 좀 더 완성도 높은 출력물이 된다.

*출처 : http://cafe.naver.com/3Dprinters/1946

[그림 3-4] 카메라 후드

지금까지 100만 원대 프린터로 많은 분야에서 응용하는 것을 확인했다. 3D 프린터의 대중화를 위해 한국 3D 프린터 유저 그룹 카페가 공동 구매를 추진하여 많은 분이 국내에서 제작하고 있다. 현재는 WCK 모델까지 국산화되어 판매하고 있다.

이제 3D 프린터는 10만 원 내외로 본인이 직접 제작하고, 구입할 수 있는 시대가 조만간 다가올 것이다. 먼 미래의 이야기가 아니라 지금 당장 나의 실제 생활에서 응용할 수 있는 시대가 온 것이다. 우리는 이미 우리에게 가까이 다가온 3D 프린터 시대에 발빠르게 적응해야 한다.

## 무인 항공기, 쿼드 콥터

2011년 영국의 사우스앰턴 대학에서는 SLS 3D 프린터로 무인 항공기를 제작했다. 이때 제작한 무인 항공기는 실제 비행에 활용하고 있다. 이 무인 항공기는 3D 프린팅된 최초의 무인 항공기이다.

무인항공기는 응용 범위가 넓다. 최근에는 3D 프린팅 기술로 쉽게 제작할 수 있으며, 항공 기술 향상 연구와 근거리 해안 방어에도 사용이 가능할 정도로 일반화되었다. 국내에서도 다수 제작되었다.

*출처 : http://www.southampton.ac.uk/~decode/Sulsa_presentation.pdf

[그림 3-5] 사우스앰턴 대학에서 제작한 3D 프린트 비행기

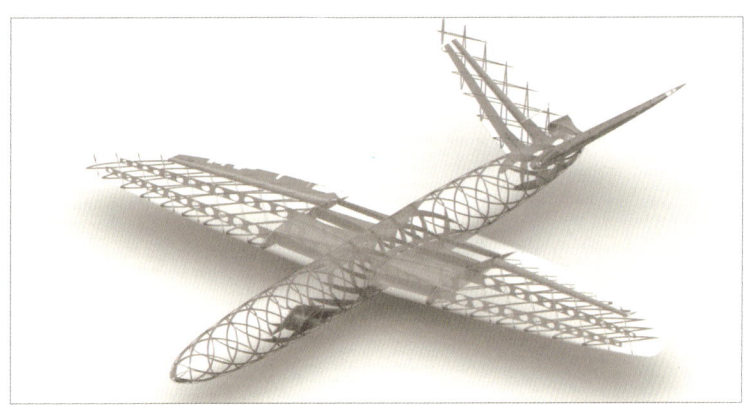

*출처 : http://www.southampton.ac.uk/~decode/Sulsa_presentation.pdf

[그림 3-6] 출력하기 전 모델링한 비행기 모형

*출처 : 영국 사우스앰턴 대학 http://www.southampton.ac.uk/~decode/index_files/Page804.htm

[그림 3-7] SLS 3D 프린터로 제작 중인 비행기

*출처 : http://www.thingiverse.com/thing:56147

[그림 3-8] 3D 프린트된 RC 비행기

위 그림을 보면 씽기버스 홈페이지에서 무료로 RC 비행기 제작 도면을 구할 수 있다. 이제 3D 프린터로 누구나 RC 비행기를 출력할 수 있다. 씽기버스 홈페이지에서 데이터를 다운로드하여 제작 해보는 것도 좋을 것이다.

## 완구 및 교육

바비 인형으로 유명한 장난감 회사, 마텔(Mattel)사도 왁스 인형과 모형 자동차를 만들기 위해 3D 프린터를 도입했다. 현재 30대의 3D 프린터를 활용하여 바비(Barbie)와 맥스 스틸(Max Steel), 핫 휠 자동차(Team Hot Wheel), 몬스터 하이(Monster High) 등 마텔사의 유명 장난감을 만들고 있다. 국내에서도 이와 유사한 시도가 이루어지고 있다. 아래 사진은 한국 3D 프린터 유저 그룹 카페에 게시된 대표적인 작품들이다.

*출처 : 한국 3D 프린터 유저 그룹 카페

[그림 3-9] 윌리봇 사용자의 작품, 움직이는 하트

*출처 : 오브젝트 빌드

[그림 3-10] 윌리봇으로 출력한 트랙터 모형

# 3D 사진관

일본의 3D 프린터 기업 파소텍(Fasotec)사는 산부인과와 협력해 태아의 모습을 3D 프린터로 제작하는 '천사의 모습' 사업을 진행하고 있다. 일본의 젊은 부부가 임신을 기념하기 위해 많이 찾는 서비스이다. '천사의 모습'은 MRI나 초음파 등의 의학 사진을 실제 형상으로 만드는 서비스이다.
아이머티리얼라이즈(i.materialise)사의 매직스나 의료 관련 소프트웨어를 사용하면 MRI, CT, 초음파 데이타를 프린팅할 수 있는 파일로 생성할 수 있다. 이것을 이용해서 프린팅을 진행하면 된다.

3D 사진관은 실제 모습을 스캐닝하여 인형으로 제작하는 서비스로, 일본에서 크게 유행하고 있다. IR 방식을 사용하며 3D 스캐너로 스캐닝한 다음 컬러로 출력하는 것이 특징이다. 이처럼 추억을 남기기 위해 사진을 찍는 대신 3D 스캐너로 자신의 미니어처를 만드는 날이 다가왔다. 3D 사진관은 즉석 사진기처럼 여러 대의 카메라가 눈 깜짝할 사이에 전신을 스캔하여 3D 미니어처로 출력한다.
스캐닝은 여러가지 방법이 있다. 3D 스캐너로 스캐닝하는 스캐너의 가격이 2,000만 원에서 399 달러까지 있어 다양한 선택을 할 수 있다. 일본 하라주쿠에서는 Omote 3D Shasin Kanand라는 이름의 3D 피겨 제작 가게가 열려 인기를 끌고 있다. 사용자를 3D 스캐너로 15분 정도 스캔한 다음, 3D 프린터를 이용해 액션 피겨 형태로 제작한다. 10cm, 15cm, 20cm 크기가 있으며 크기에 따라 가격이 다르다.
독일에는 함부르크에 위치한 트윈카인드(Twinkind) 3D 미니어처 사진관이 있다. 트윈카인드는 예약제로만 운영되는 3D 사진관인데, 사랑하는 사람들과의 행복한 순간을 3D 미니어처로 남길 수 있다. 3D 미니어처를 만드는 방법은 간단하다. 여러 대의 카메라가 순식간에 촬영한 다음 컴퓨터 화면으로 바꾸고, 이를 작은 크기의 미니어처로 바꾼다.

국내의 대표적인 피겨 제작업체는 3Dtek이다. 3Dtek는 롯데백화점에서 전신을 스캐닝해서 피겨를 제작하는 모습을 보여주기도 했다. 이것은 저가형 프린터와 저가형 스캐너를 가지고도 출력을 할 수 있다는 것을 보여주는 예이다. 이외에도 3Dtek는 국내 최초로 청동상을 제작하는 서비스를 국내 최초로 하고 있다.

아래는 국산 프린터 윌리봇을 사용하여 작품을 만든 것이다. 실물 크기이며, 3Dtek의 작품이다.

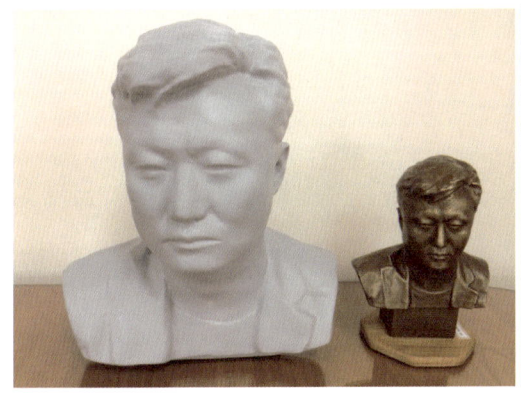
[그림 3-11] 실물 사이즈 흉상 프린팅 및 청동상

[그림 3-12] 3Dtek의 프린팅물

## 예술, 패션, 악기

필라멘트를 잘 선택하여 프린팅하면, 석고상처럼 큰 오브젝트도 출력할 수 있다. 디자인 프로그램을 활용하여 디자인하거나, 이것을 이용해서 석고상이나 청동상을 제작할 수 있다.

*출처 : 오브젝트 빌드

[그림 3-13] 윌리봇으로 출력한 페르세우스상

[그림 3-14] 윌리봇으로 출력한 사포와 비너스상

[그림 3-15] 서포트를 제거한 병마용

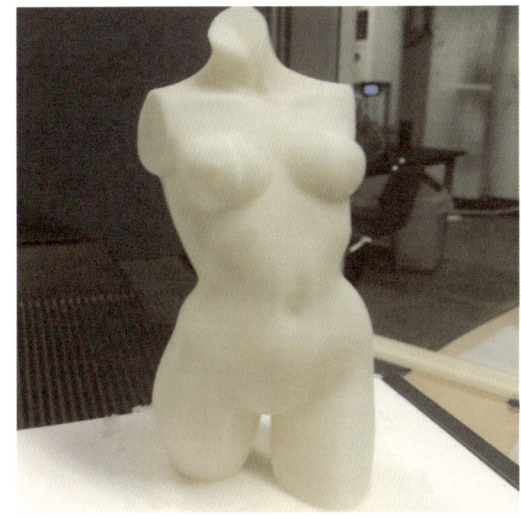 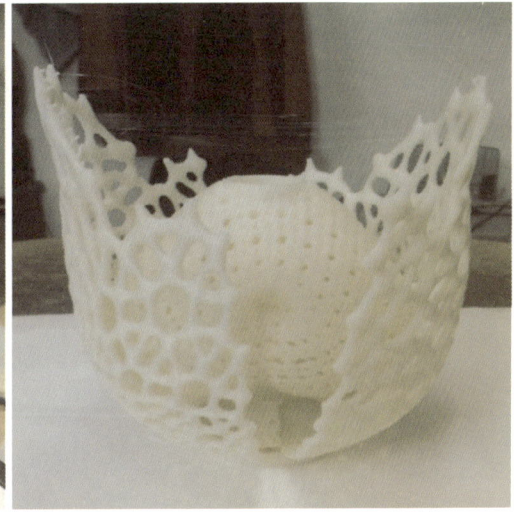

[그림 3-16] ABS로 출력한 비너스상　　　　[그림 3-17] 윌리봇으로 출력한 꽃병

3D 프린터는 패션, 악기 등 다양한 분야에 활용되고 있다. 컨티늄패션(Continuumfashion)의 디자이너인 제나 피젤과 마리 황은 2013년에 3D 프린터로 N12라는 수영복을 제작했다. 지금부터 소개하는 옷은 3D 프린팅으로 제작되어 이음새가 없다.

2013년 3D 프린터 업체 스트라타시스는 프린터로 출력한 구두 12켤레가 파리 패션위크의 아이리스 반 헤르펜 꾸뛰르 쇼(Iris van Herpen Couture Show)에서 소개되었다. 반 헤르펜과 쿨하스는 나무 뿌리 형상에서 착안된 디자인을 반영했다고 밝혔다.

반 헤르펜은 이후에도 3D 프린팅을 활용한 비지니스를 위해 업체를 창업했다. 그는 스트라타시스사의 폴리젯 기반 복합재료용 3D 프린터인 오브젯코넥스와 오브젯에덴을 이용하여 다양한 오브젝트를 출력했다. 미국 메사추세츠공과대학 미디어랩의 네리 옥스만(Neri Oxman) 교수와 함께 3D 프린팅 드레스를 만들어 유명해졌다. 반 헤르펜과 공동작업한 쿨하스는 구두회사 '유나이티드누드' 창립자이기도 하다.

3D 프린터로 옷이나 구두를 출력한 것은 일반인도 값이 저렴한 3D 프린터를 활용하여 필요한 오브젝트를 출력할 수 있다는 것을 의미한다.

악기 부문을 살펴보면 뉴질랜드의 메시대학 소속 올라프 디젤(Olaf Diegel) 교수가 3D 프린팅에 성공했다. 그는 강한 나일론 소재를 활용하여 다양한 악기를 주문생산하고 있다. 강한 나일론으로 기타를 출력하면 공연 중 기타를 내려쳐도 부러지지 않는다는 장점이 있다.

## 주거공간 3D 프린팅

대형 프린터를 통해서 집을 짓는 경우인데, 짧은 시간 안에 집을 짓는 것이 특징이다. 현재는 단독 주택만 출력할 수 있다. 이 프로젝트는 저소득층의 주거 문제를 해결하는데 큰 도움이 되었다. 이 프로젝트의 첫 시작은 미 항공우주국과 유럽 우주항공국이었다. 우주정거장을 짓거나 우주인들을 위한 집을 짓기 위해 추진했는데, 현재는 한 사이트에서 집중적으로 연구하고 있다.
이는 국내에서는 연구 사례가 없다.
미국에서 NASA의 지원을 받아 서던캘리포니아 대학교(University of Southern California)의 베로크 코스네비스(Behrokh Khoshnevis) 교수가 연구하는 3D 콘크리트 프린터(Contour Crafting) 기술이 대표적이다. 이 기술은 ME 방식을 사용하고 시멘트용 칼을 제어해서 편평한 구조물과 배관을 넣는다.

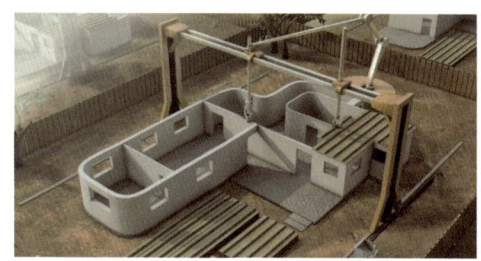

*출처 : http://www.contourcrafting.org/

[그림 3-18] 집을 3D 프린터로 짓는 광경 상상도

*출처 : http://www.contourcrafting.org/

[그림 3-19] 대형 프린터로 실제 집을 짓는 모습

*출처 : http://www.contourcrafting.org/

[그림 3-20] 우주 식민지 건설 상상도

또 유럽에도 엔리코 디니(Enrico Dini)가 개발한 3DP 방식의 대형 프린터 D-Shape가 유럽 항공 우주국에 채택되어 개발을 진행 중이다. 네델란드의 건축가가 D-Shape를 활용하여 아래 그림의 2층 전시장을 짓고 있다. 프린팅 방식은 일반적인 ME 방식이 아닌 3DP 방식을 확대한 것이 특징이다. 시멘트의 강도를 가져 안정성 문제도 해결했다.

*출처 : 유니버스 아키텍처(Universe Architecture)

[그림 3-21] 네델란드에서 제작 중인 3D Printed House

개인적으로 3D 프린터로 건축물을 개발하는 사람으로는 건축가 안드레이 루덴코가 있다. 미네소타에서 개인이 오픈 소스 프린터를 개조하여 건축용 프린터로 개발을 진행하고 있다. 이미 작은 성을 직접 짓고, 2층 집을 짓기 위한 프로젝트를 진행 중이다.

[그림 3-22] 안드레이 루덴코의 공식 사이트

건축용 프린터의 국외 사례를 좀 더 자세히 알아보면 아래 표와 같다. 외국의 경우는 유럽과 미국이 대표적인 연구 성과를 발표하고 있다.

[표 3-1] 현재 연구 판매되는 건설용 3D 프린터

| 업체명 | 사업영역 및 주요내용 |
| --- | --- |
| D-Shape(영국) | 인공적으로 돌 같은 구조물을 출력 가능. 시멘트보다 강도가 우수 |
| BetAbram(슬로베니아) | 2014년 7월에 3D House 프린터 출시(1.2만 유로) |
| USC(미국) | USC 대학에서 Contour Crafter라는 기술을 개발 중이며, 달에 기지를 건설하는 기술로도 개발 중 |

*출처 : 대형 로봇 암을 이용한 건축용 3D 프린터 기술 개발 사업 기획보고서(부산시)

현재 슬로베니아에서 건축 제품이 출시되었으며 이 밖에도 미국, 중국, 유럽 등에서 활발히 연구 중이다. 첫 번째 시도는 일명 '방 만들어주는 기계(Room Builder, Kamer Maker)'로, 네덜란드 암스테르담에 있다.

방 만들어주는 기계의 건설 기간은 3년이며 운하에 집(Canal House)을 짓는다. 현재는 개발 시설만 설치되어 있다. 이 프린터는 글루건 실리콘 프린터와 비슷한 것으로, 영국의 가정용 프린터인 FDM 방식 얼티메이커의 크기를 확대한 것이다. 높이가 6m에 이르기 때문에 홍보효과가 높아, 현재는 관광으로도 인기가 많다. 방 만들어주는 기계는 3D 프린터를 활용한 건축의 개념을 처음 소개한 것이라 볼 수 있다.

*사진 제공 : 디캠퍼스 소중희

[그림 3-23] 네덜란드 암스테르담의 방 만들어주는 기계

영국의 D-shape는 돌 같은 단단한 구조물을 출력할 수 있다. 인공 구조물은 시멘트보다 강도가 우수하다. 이 프린터로 네덜란드 건축가 얀야프 라이제나르스(Janjaap Ruijssenaars)가 건축 프로젝트를 진행하고 있다. 또 엔리코 디니 역시 3DP 방식으로 집을 프린팅했다. 이 제품은 유럽 항공우주국의 달나라 식민지 프로젝트의 프린터로도 선정되었다.

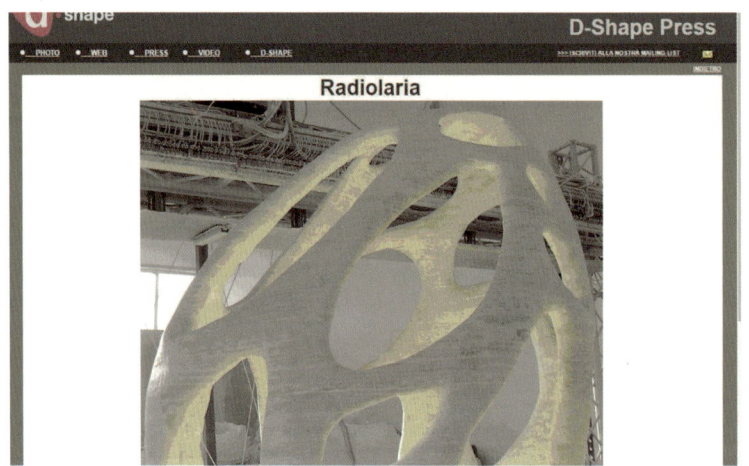

*출처 : D-shape 홈페이지(http://www.d-shape.com)

[그림 3-24] D-shape로 출력한 건축물

우리나라는 기술 개발이 시급하다. 3D 프린팅 기술이 신(新)제조업의 패러다임을 주도하는 핵심기술로 급부상하면서 전세계적으로 3D 프린팅 기술과 시장을 확보하려는 경쟁이 치열해지고 있다. 이처럼 급변하는 전세계 상황에서 우리의 위치를 확보하는 것이 중요하다. 대형 3D 프린팅 기술은 건설 분야뿐만 아니라 타 분야로의 파급효과가 크므로 미국, 유럽 등 선진국과의 기술격차를 단기간에 극복할 수 있다.

3D 프린터는 도자기 프린팅도 가능하다. 3D 프린터가 원천적으로 세라믹 기술이기 때문이다. 3D 프린터를 활용한 도자기 산업도 유용한 분야이다. 도자기 연구 분야는 정밀 연구와 기존 연구 분야가 있다. 정밀 세라믹 프린터 분야의 프린터 소개와 도자기용 소재를 공급하는 업체를 소개한다.

*출처 : 피귤로 홈페이지(http://www.figulo.com)

[그림 3-25] 도자기를 출력할 수 있는 피귤로

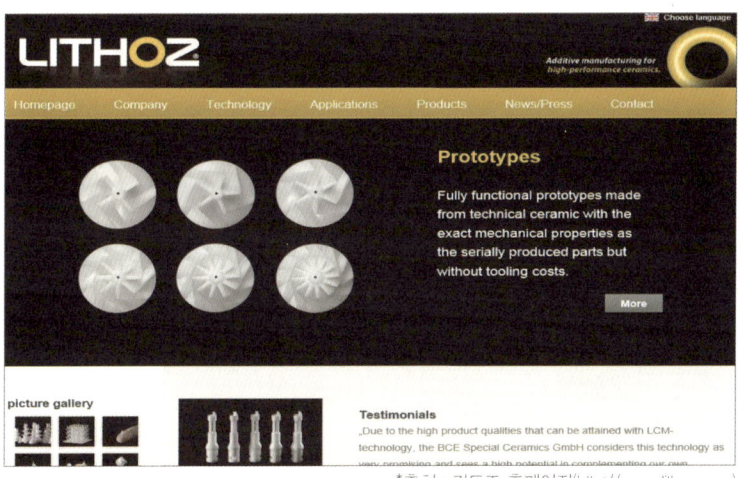

*출처 : 리토즈 홈페이지(http://www.lithoz.com)

[그림 3-26] 정밀 연구용 정밀 세라믹 프린터, 리토즈

## 개인용 로봇

3D 프린터는 로봇산업에도 활용된다. 현재는 많은 사이트와 개발 사례가 많이 보고되고 있다. 미국의 헬로 로봇(Hello Robot)사는 2013년에 3D 프린터를 이용하여 부품을 출력하고 조립하는 로봇, 마키(Maki)를 발매했다.

마키는 미국 소셜 펀딩 사이트인 킥스타터(Kick Starter)의 성공적인 펀딩 사례로, 학생이나 로봇에 취미를 가진 사람들이 좀 더 저렴하게 로봇을 만들 수 있도록 기획된 프로젝트이다. 이 프로젝트는 디자인과 구동용 부품만 제공하며, 나머지 부품은 3D 프린터를 이용해 직접 출력해야 한다. 이 과정을 통해 제작비가 대폭 절감되어, 500달러면 실제 구동하는 로봇을 제작할 수 있다. 판매용 버전이기 때문에 오픈 소스이지만, 3D 프린팅에 꼭 필요한 STL 파일은 일정 금액을 지불하고 구입해야 한다.

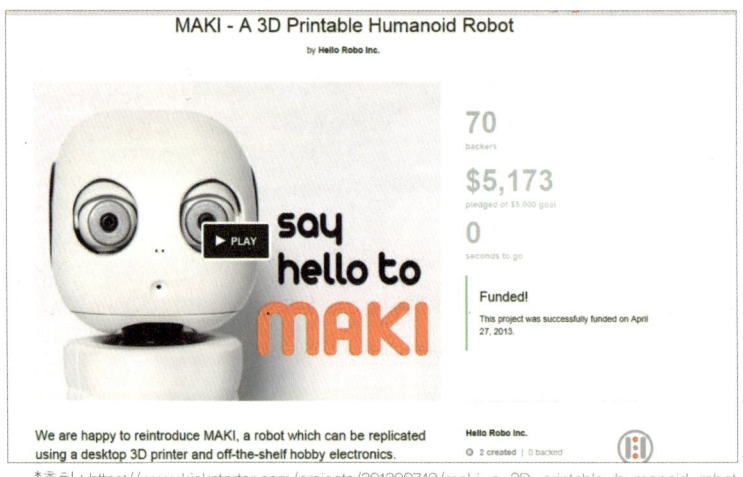

*출처 : https://www.kickstarter.com/projects/391398742/maki-a-3D-printable-humanoid-robot

[그림 3-27] 마키 로봇

## 음식을 출력하는 푸드 프린터

푸드 프린터(Food Printer)는 우주선에서 섭취할 음식을 출력하기 위해 개발되었다. 오픈 소스로, 렙랩과 NASA가 12만 5천 달러의 연구비를 지원받아 연구하고 있다. 이 연구는 장기간 우주에 머물러야 하는 우주인의 신체와 정신 건강을 위해 시작되었다.

필요성에 비해서 총 연구비(1억2천만 원 정도)가 적어 크게 중요한 연구로 평가되지 않는다. 그러나 푸드 프린터는 식량 부족 발생시 중요한 에너지원을 섭취할 수 있는 기술이라 주목받고 있다. 이처럼 프린터는 인구 증가에 따른 식량 문제 해결에 도움이 될 수 있다.

또 난치병 환자를 위한 맞춤 식단을 환자 개인의 영양 상태에 맞춰 만들 수 있어 의료계에서도 주목하고 있다. 현재 내추럴 머신(Natural Machine)사의 푸디니(Foodini)가 대표적이다. 푸드 프린터를 상용화한 업체는 푸디니가 최초라고 할 수 있다. 다음 사진은 푸디니의 푸드 프린터로 출력한 음식이다. 푸디니외에 초콜릿과 설탕을 이용한 프린팅도 연구되고 있다.

 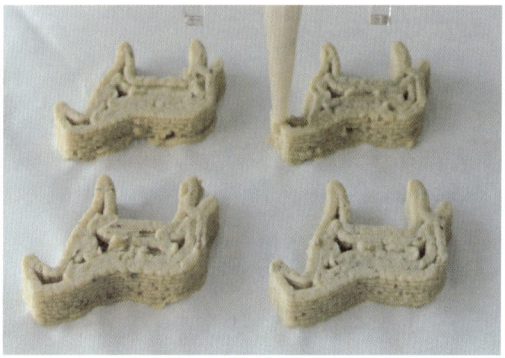

*출처 : 내추럴 머신 홈페이지(http://www.naturalmachines.com)

[그림 3-28] 푸디니 푸드 프린터의 음식(좌)과 음식을 출력 중(우)인 모습

*출처 : 내추럴 머신 홈페이지(http://www.naturalmachines.com)

[그림 3-29] 음식을 출력 중인 푸디니의 노즐

## 3D 프린터 조명

국내에서는 많이 소개되지는 않았으나, 3D 프린터로 출력한 조명은 현재 많이 활용되고 있다. 다음 사진은 윌리봇 3D 프린터로 윌리봇 유저가 3D 프린팅한 것이다. 고가의 프린터뿐만 아니라 20만 원대의 3D 프린터로도 얼마든지 출력할 수 있다. 이제 개인이 작품을 만드는 시대이다. 외국의 경우 유명 디자이너와 함께 조명을 개발하고, 개개인에 맞춤형 조명을 제작하여 판매하고 있다.

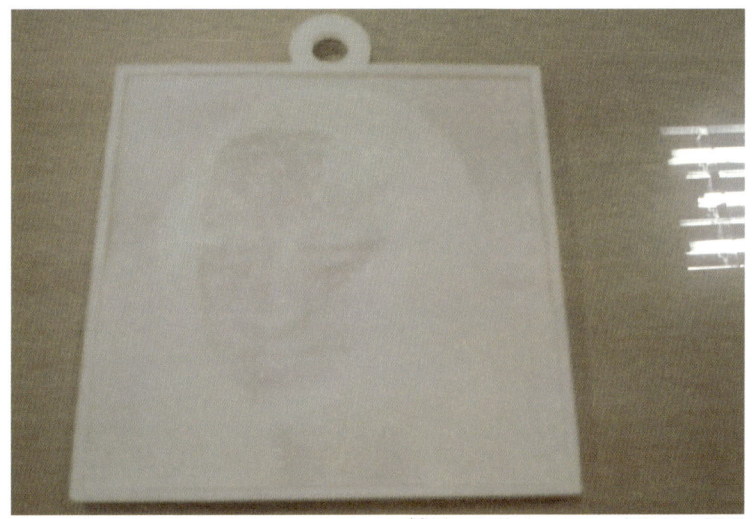

*출처 : http://cafe.naver.com/3Dprinters/6349

[그림 3-30] 모나리자를 윌리봇 3D 프린터로 프린팅한 예

*출처 : http://cafe.naver.com/3Dprinters/6349

[그림 3-31] 모나리자 조명을 윌리봇 프린터로 프린팅

## 3D 프린팅 아트

마지막으로 정부가 중점적으로 육성해야 할 분야는 3D 프린팅 아트이다. 새로운 도구와 조소를 그대로 표현할 수 있는 3D 프린팅이 각광받고 있지만, 아직 예술 분야에는 활용되지 못하고 있다. 키네틱 아트(Kinetic Art)에서 시도가 되고 있으나, 전세계적으로 전문가가 없다. 3D 프린터를 활용하여 새로운 예술 분야를 창시한다면, 세계적으로 유명한 예술가가 되는 것은 시간 문제이다.

위에서 언급한 것처럼 3D 프린팅 아티스트를 국내에서 발굴, 세계적인 작가로 만드는 정책이나 지원이 시급하다. 필자는 이러한 문제의식을 가지고 2012년부터 방법을 찾고 있던 중, 2013년 국내 사비나 미술관에서 새로운 전시회에 3D 프린팅 기술을 활용할 방법이 있느냐는 연락을 받았다. 하지만 불행하게도 당시는 아무런 개념도, 생각도 없는 시대였다. 3D 프린팅 업체들은 소규모 업체라 지원이 불가능한 상황이었다. 필자는 필자의 기술을 제공한 오브젝트빌드에 요청하여 무상으로 미술관이 추천한 예술가를 대상으로 3D 프린팅 교육을 실시했다. 대학교의 교수, 외국인 예술가 등 10명 이내의 예술가에게 2일에 걸쳐 교육했다.
이후 기업의 후원을 추진했으나, 후원 기업을 찾지 못하여 초기에 기획했던 전시회의 형태가 아닌 3D 프린팅 아트 전시회를 열었다. 앞으로는 정부의 지원을 받아 3D 프린팅 전문 아트 전시회가 기획 단계부터 아트의 정의, 세미나 등이 준비되어 우리나라가 세계적인 예술을 창조하는 중심이 되었으면 한다.

## Chapter 02
## 3D 프린터 응용 사례 – 산업체, 실제 업계 응용 예

이번에는 산업계의 실제 사례를 중심으로 설명하겠다. 엔지니어가 산업체에서 3D 프린터를 제품 제작이나 시제품 개발에 이용할 경우 4가지 장점이 있다.

시제품의 제작 비용과 시간을 절감할 수 있고, 다품종 소량 생산(Mass Customization)·개인에 맞는 제품 제작 등이 가능하다. 기존 가공방식 대비 복잡한 형상 제작이 가능하고 고가 재료인 티타늄 등의 재질은 재료비 절감을 통해 사용을 늘릴 수 있다. 완제품 제작 시 제조 공정 단순화, 조립이 필요 없이 출력이 가능하기 때문에 조립 인건비를 줄일 수 있다. 지금부터 위 장점을 각 산업 분야에서 어떻게 활용하고 있는지 알아보자.

## 시제품의 제작 비용 및 시간 절감

이제는 3D 프린팅으로 시제품 제작 작업을 대신한다. 제작 과정이 내부에서 이루어지고, 어렵지 않기 때문에 제작 중에도 시제품의 디자인을 손쉽게 수정할 수 있다. 설계 프로그램인 캐드에서 디자인만 수정하면 되는 것이다. 또 별도의 금형이 필요 없기 때문에 개발 비용과 시간을 줄일 수 있다.

3D 프린터를 시제품 제작 단계에서 활용하는 가장 큰 이유는 디자인 유출 문제 해결이

다. 일반적으로 3D 프린터를 활용한 시제품 제작은 사내에서 제작하기 때문에 금형 유출이나 디자인 유출을 막을 수 있다.

*출처 : 한양대학교 박운종 교수

[그림 3-32] 최종 건축물 완성 예상 사진

## 1) 건설 분야

건설업계에서 가장 많이 이용되고, 오래 전부터 활용한 것은 건축 모형의 제작이다. 전세계적으로 많이 사용하고 있으나, 우리나라는 2013년부터 보편적으로 사용하기 시작했다. 다음 작품은 한양대학교 건축학과 박운종 교수가 건축설계 디자인한 것을 3D 프린터로 모형을 제작한 사례이다. 과거에는 사람이 직접 손으로 제작하여 시간도 많이 걸리고 비용도 많이 들었다. 아래 시제품은 한국에서 3D 프린터를 활용해서 건축물 모형을 직접 제작한 사례이다.

[그림 3-33] 3D 프린팅된 건축물 모형                [그림 3-34] 건축 모형을 근간으로 한 도면 및 완성 사진

[그림 3-35] 3D 프린팅 된 건축 모형의 모습

## 자동차 분야

이탈리아의 유명 스포츠카 업체인 람보르기니(Lamborghini)사는 '아벤타도르(Aventador)'의 시제품

125

을 만들 때 3D 프린터를 활용했다. 3D 프린터 덕분에 시제품 제작비용을 기존 4만 달러에서 3천 달러로 대폭 줄이고, 제작 기간도 4개월에서 20일로 대폭 줄였다.

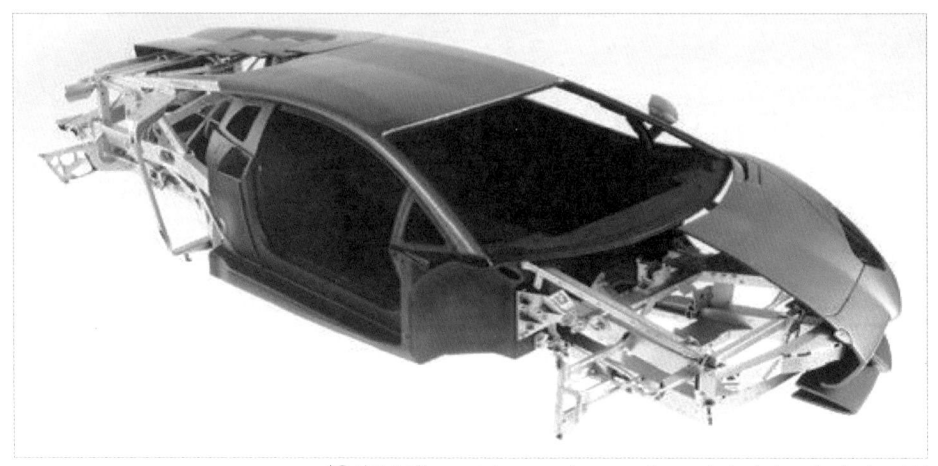

*출처 : http://www.stratasys.com/resources/case-studies/automotive/lamborghini

[그림 3-36] 람보르기니의 아벤타도르 시제품 제작

미국의 자동차 업체인 포드(Ford)사도 3D 프린터를 이용해 자동차 부품을 만드는 과정을 공개했다. 이 업체가 부품 제작에 사용한 3D 프린터 메이커봇은 자동차 부품의 모형을 순식간에 만들어냈다. 포드는 여러 부품 모형을 만드는데 100만 원도 들지 않았다.

포드는 이미 'F-150'과 '익스플로러(Explorer)'의 부품 제작에 3D 프린터를 활용했다. 실린더 헤드(Cylinder Head), 브레이크 로터(Brake Rotor), 후륜(後輪) 액셀레이터 관련 부품 등의 시제품을 3D 프린터로 제작하여 3개월 정도였던 제작 기간을 1~2개월로 단축시켰다.

제너럴모터스(General Motors Corporation, GM)도 2014년형 쉐보레 말리부의 모형을 3D 프린터로 제작했다. 제너럴 모터스사는 3D 프린팅 기술 중 SLS 방식과 SLA 방식으로 자동차 모형을 더 빠르게 만들 수 있어 제작 비용이 절감되었다고 한다. 업체에 따르면 보통 3~4년 단위로 자동차 개발 방식을 신규 개발하거나 수정하는데, 3D 프린터를 이용하면 시제품 제작 비용과 기간을 단축할 수 있다.

임페리아(The Imperia)사도 'GP 로드스터(GP Roadster)'의 기어 박스를 3D 프린터로 제작했다. 복실젯사의 주물사 프린터를 활용하여 기존 제작 시간을 20시간으로 줄였다. 복실젯의 프린터는 3DP 방식을 사용하는 프린터로, 주물 제품 제작에 많이 사용한다. 국내에서도 많이 사용하고 있다. 복잡한 형상의 코어 및 주형 제작에 주로 이용하고, 연속 프린팅이 가능하며 크기가 큰 것이 특징이다.

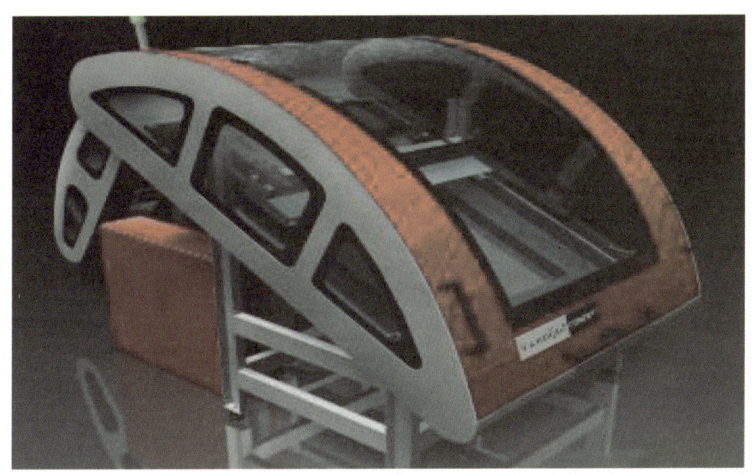

*출처 : 복실젯 홈페이지(http://www.voxeljet.de/)

[그림 3-37] 복실젯의 주물사 3D 프린터

미국의 로컬모터스(Local-Motors)사는 오픈 소스 자동차 제작사로 유명하다. 부품 제작 및 기존 자동차 부품을 리버스 엔지니어링으로 설계한 뒤 3D 프린터로 출력할 수 있는 것이 특징이다. 소비자는 비교적 저렴한 가격인 75,000 달러에 자신이 원하는 자동차를 직접 제작할 수 있다. 최근에는 좀 더 저렴한 3D 자동차를 개발하여 일반인에게 판매할 예정이다.

이제는 자동차도 집에서 본인이 직접 프린팅해서 만들거나 모델을 지정하면, 동네, 자동차 수리점에서 제작하는 시대가 될 것이다. 2014년 10월에는 미국의 로컬 모터스사와 ORNL 국책 연구소가 탄소 섬유를 함유한 소재로 전기 자동차를 프린팅해서 발표했다.

*출처 : https://localmotors.com/localmotors/the-3D-printed-car-aka-direct-digital-manufacturing/

[그림 3-38] 로컬모터스가 3D 프린팅한 자동차

이전에도 이런 시도는 계속 진행되어왔다. 3D 프린터로 찍어낸 완제품 형태의 전기차도 현실이 될 전망이다. 미국의 어비(Urbee)사는 최근 자동차의 모든 부품을 컴퓨터로 설계한 다음 이를 3D 프린터로 출력한 하이브리드 자동차 '어비 2'를 만들었다. 어비 2의 시제품은 3D 프린터로 출력하려면 2,500시간이 필요했다. 3D 프린팅된 차체의 무게(544kg)가 매우 가볍기 때문에 일반적인 스포츠카의 절반 정도 마력으로 속도를 높일 수 있다. 어비사는 연료 37.8리터로 뉴욕에서 샌프란시스코까지 횡단하는 4,000km 주행에 도전한다고 한다. 2010년 출시된 어비는 세계 최초로 에탄올과 가솔린으로 작동하는 3D 자동차로 실제 도로를 주행한다.

중국의 3D 프린터 산업 역시 주목할 만하다. 중국 정부와 학교가 3D 프린팅 활용과 개발에 많은 관심을 보이고, 전문 인력을 양성하고 있다. 심천(深圳)의 선샤인(Sunshine)사는 아이머티얼라이즈, 중국의 대학과 협업하여 3D 프린터로 경주용 자동차를 제작했다. 비록 벨기에의 자동차를 그대로 제작했지만, 중국에서 새로운 다양한 시도를 하고 있다는 점에서 주목할 만하다.

우리나라의 현대자동차도 많은 부품을 3D 프린터로 출력한다. 현대모비스는 디자인 확인, 기류평가와 기능성 테스트를 위해 3D 프린터 시스템을 사용해 시제품을 제작한다.

이미 여러 대를 도입했으며, 추후 그 수를 늘릴 계획이다. 2014년 현재는 내장 제품과 시제품 제작에 중점을 두고 있다. 제작할 수 있는 부품은 운전석 모듈, 계기판(Instrument Panel), 에어 덕트(Air Duct) 등 다양한 부품의 시제품을 저비용·고속으로 생산한다.

[그림 3-39] 윌리봇 3D 프린터로 프린팅한 자동차의 엔진 블록

## 다양한 시제품 제작

아래 사진은 윌리봇으로 전자 부품을 제작한 예시이다. 왼쪽 사진은 전남대학교 전자 실험실에서 전선을 감아 놓을 보빈(Bobin)을 요청해서 보내준 도면에 따라 프린팅한 것이다. 이처럼 3D 프린터는 실험실에서 시제품 개발에 많이 사용하고 있다. 또 윌리봇 유저가 쿼드콥터의 본체를 윌리봇 프린터로 출력하여 개발이나 시제품 제작에 사용한 예도 살펴볼 수 있다.

이 밖에도 스마트폰을 USB로 연결하는 장치를 제작한 예도 쉽게 찾아볼 수 있다. 이처럼 자동차나 건설 분야가 아니더라도 저렴한 보급형 3D 프린터를 활용하면 원하는 것을 쉽게 프린팅할 수 있다. 이 과정을 통해 시제품 제작 비용을 큰 폭으로 낮출 수 있다.

## 화석과 유물 복원

미국의 스미소니언 박물관은 유물을 스캐닝하여 해당 유물의 정보를 보관한다. 유물을 보존하고 누구나 인터넷을 통해 유물에 쉽게 접근할 수 있도록 3D 프린터를 적용한 것이다. 이 박물관에서 공개하는 스캐닝 데이터는 3D 프린터로 출력할 수 있다.

*출처 : www.si.edu

[그림 3-40] 스피소니언 홈페이지

우리나라에서는 지질자원연구원이 200여 개의 공룡 화석을 3차원으로 스캔한 뒤 보정 작업을 거쳐 3D 프린터로 출력한 사례가 있다. 지질자원연구원은 3D 프린터를 활용하여 공룡의 뼈 하나를 완성했다. 이 덕분에 6,500만 년 전 아시아 대륙에서 활동하던 안킬로사우루스가 재탄생했다.

*출처 : http://www.kigam.re.kr

[그림 3-41] 한국지질자원연구원 홈페이지

일본의 한 박물관도 이와 비슷한 시도를 하고 있다. 유물을 3D 프린팅하여 일반인도 손쉽게 유물을 체험할 수 있는 시도한 것이다. 이것은 기존의 박물관이나 전시장에서 시도하지 못한, 새로운 방식의 전시이다. 이 박물관은 도자기를 3D 프린터로 재현하여 과거의 도자기를 실제로 사용하는 모습을 상상할 수 있도록 만들었다.

*출처 : www.kyuhaku.com/

[그림 3-42] 일본의 규슈국립박물관(九州国立博物館) 홈페이지

해외에서만 일어나는 이야기가 아닌, 우리나라에서도 3D 프린팅을 이용한 사례가 있다. 프린팅 업체인 글룩㈜에서는 문화재를 복원하는 시도를 하고 있다.

**신발 시제품 제작**

아디다스와 나이키는 시제품 개발에 필요한 인력 및 개발 기간을 줄이기 위해 SLS 프린터를 사용하여 신발 시제품을 제작했다. 기존에 4~6주 정도 소요되던 개발 기간을 1~2일로 대폭 단축하여 생산성을 높였다. SLS 프린터는 나일론의 강도를 우수하게 표현하기 때문에 주로 이 프린터로 제작한다.

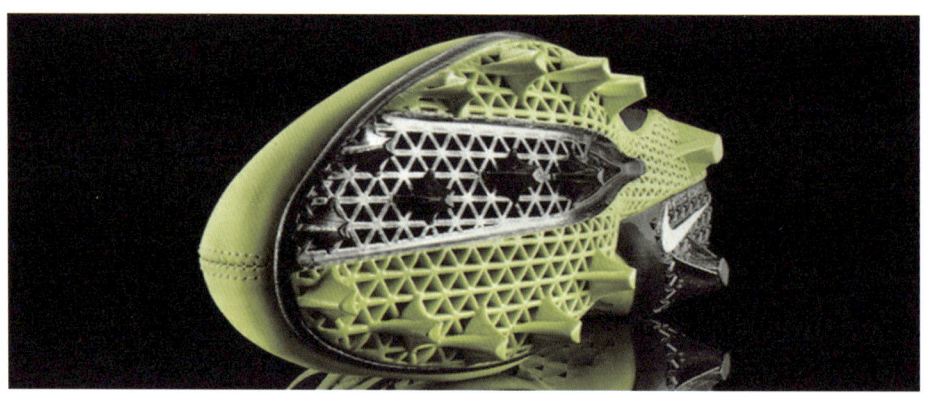

*출처 : 나이키 홈페이지

[그림3-43] 3D 프린터로 제작한 나이키 운동화

# 다품종 소량 생산(Mass Customization) · 개인 맞춤형 제작 용이

3D 프린터의 장점 중 하나는 디자인이 다른 물품을 생산할 때 3D 도면만 있으면 비용이 일정하고, 추가 비용이 거의 발생하지 않는다는 점이다. 또 모든 부품이 한꺼번에 출력되기 때문에 별도의 조립이 필요 없다. 가까운 미래에 클라우드 생산 방식이 보편화된다면, 수량이 많은 출력물이라도 3D 프린터로 손쉽게 생산할 수 있는 시대가 올 것이다.

또 제품을 스캐닝해서 생산 도면을 만드는 3D 스캐너의 기술이 발전함에 따라 3D 디자인이 쉽고 정밀해지고 있다. 산업용 CT 스캐너를 사용하면 금속 내부까지 스캐닝하여 설계 도면을 만들 수 있다. 이 기술은 외국 제품을 역설계(Reverse Engineering) 기법으로 만들 때 많이 이용된다. 기존에는 소규모 엔진을 역설계해서 제작하면 6개월 이상 소요되었지만, 3D 프린팅과 3D 스캐닝을 이용하면 제작기간을 1개월 정도로 단축할 수 있다. 우리나라는 인천의 생산기술연구원 인천지역본부에서 이 서비스를 제공하고 있다.

이처럼 3D 스캐너와 3D 프린터를 활용하면 사람의 손으로 구현하기 힘든 정밀한 제품도 손쉽게 만들 수 있고, 도면을 변경해서 각 제품을 원하는 대로 출력할 수 있다. 뿐만 아니라 고객의 요구에 맞는 제품을 제작하여 고객 만족도를 높일 수도 있다. 제작 후에는 고객의 스캔 데이터를 보관하여, 분실이나 문제 발생 시 언제든 출력이 가능하다는 장점도 있다.

## 치과 응용

인비절라인(Invisalign)사는 치과용 투명 교정기를 제작하는 회사로 유명하다. 최근 이 회사는 구강 내부를 3D 스캐너로 스캔하고 환자에게 맞는 교정기를 실리콘과 같은 투명한 소재로 3D 프린팅하여 전세계에 보급했다.

2012년 기준으로 363,000대가 판매되었고, 2013년에는 100만 개 이상의 출력이 이루어져 판매되었다. 앞으로도 생산량은 증가할 것이라 예상된다. 인비절라인은 개인의 구강 구조에 최적화된 교정을 제안하여 아주 유용하다. 그 덕분에 전세계으로 사랑받는 3D 프린팅 성공 사례로 꼽힌다. 인비절라인의 제작 공장은 기존의 제작 공장과는 달리 3D 프린터만 설치되어 있다.

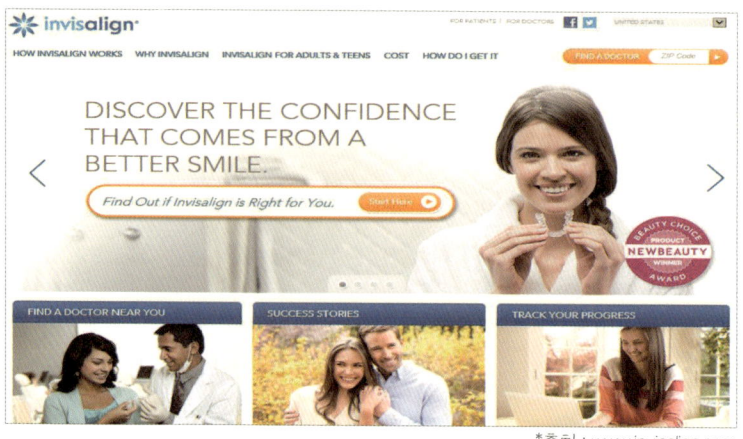

[그림 3-44] 인비절라인의 홈페이지

## 맞춤형 보청기

덴마크 와이덱스(Widex)사가 3D 프린터와 3D 스캐너를 활용한 보청기 제작 기술을 보유하여 카미샤(Computer Aided Mfg. for Individual Shells for Hearing Aids, CAMISHA)를 개발, 개인 맞춤형 제작에 성공하여 판매하고 있다.

국내에서도 같은 사례가 있다. 한국의 딜라이트(delight)사가 2011년부터 3D 프린터를 활용한 맞춤형 보청기를 제작하여 저소득층에 보급하고 있다. 3D 프린터 기술로 인체에 꼭 맞는 보청기를 제작하여 경쟁사보다 우수한 품질을 갖췄다. 3D 프린터로 성능을 높인 딜라이트 보청기는 3D 스캐너를 이용해 귀 모양을 정확하게 스캐닝하고, 그대로 3D 프린팅하여 귀에 꼭 맞는 보청기를 제작하고 판매한다. 언제든 같은 제품을 다시 만들 수 있어, 분실 시에도 즉시 제작할 수 있다.

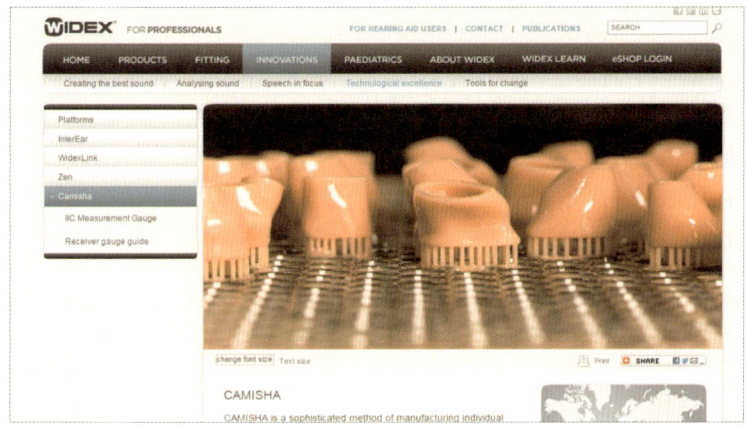

*출처 : 와이덱스사 홈페이지(http://www.widex.pro/en/innovations/technological-excellence/camisha/)

[그림 3-45] 와이덱스의 개인 맞춤형 귓본

## 임플란트

2013년 미국의 코네티컷(Connecticut)주에서는 3D 프린터로 출력한 두개골 임플란트를 환자에게 삽입하는 수술이 이루어져 화제였다. 우리나라에서도 티타늄 임플란트 이식 수술이 성공한 사례가 있다. 뿐만 아니라 생체에서 분해되는 소재를 임플란트 재료로 사용하는 연구도 진행되고 있다. 최근에는 3D 프린팅으로 임플란트 부품을 만드는 회사까지 등장했다.

*출처 : 티앤알바이오팹 홈페이지(http://www.tnrbiofab.com/)

[그림 3-46] 생체 삽입이 가능한 임플란트를 판매하는 티앤알바이오팹

국내 연구 인력은 한국기계연구원의 김완두 박사, 포항공대의 조동우 박사가 있으며 생산기술연구원 강원도지사 본부장인 이창우 박사, 중앙대학교 의과대학 이무열·권정택 교수, 필자인 부산대학교 주승환 교수가 스웨덴 아캄(Arcam)사의 장비를 도입하여 체내 삽입이 가능한 티타늄 3D 프린터 관련 임플란트를 연구하고 있다.

아캄 장비의 특성은 표면이 거친 것이다. 인체에 삽입할 임플란트는 표면이 거칠어야 인체 조직(특히 피부)과 티타늄 인공뼈가 잘 붙는다. 전세계의 티타늄 임플란트는 대부분 이 프린터로 출력한 것으로 이식했다고 해도 과언이 아니다. 다음 사진은 국내에서 티타늄으로 인체에 관련된 모델을 프린팅한 예이다.

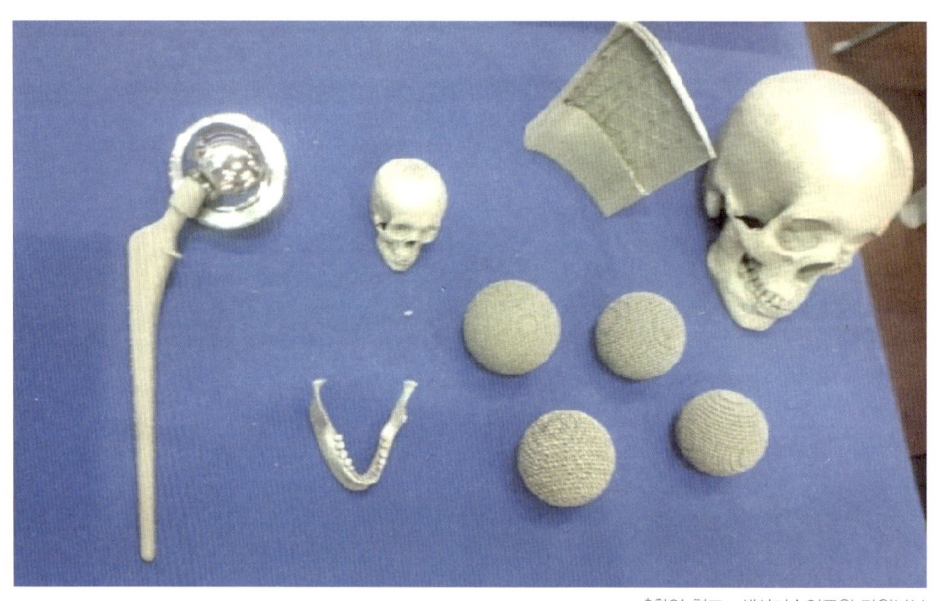

*촬영 협조 : 생산기술연구원 강원본부

[그림 3-47] 아캄의 장비로 출력한 체내 삽입물과 두개골 인형

가장 최근에는 신체 일부의 대체물(인공뼈)을 출력하여 환자에게 삽입하는 단계에 이르렀으며 국내에도 이식한 사례가 있다. 그 외에도 수술 준비 작업용으로도 많이 사용한다. 이처럼 3D 프린터는 의료 기술의 발전에도 많이 기여하고 있다.

입체적인 형태를 사전에 출력하여 시험해 보고, 수술을 진행하는 기술이 국내에서도 시도되었다. 삼성서울병원은 부비동암 수술에 3D 프린터를 활용하여 수술 후 부작용(안면 골격,

안구 함몰) 가능성을 최소화하여 성공적인 수술로 이끌었다.

미국 프린스턴 대학교(Princeton University) 연구팀도 2013년 인체와 같은 기능을 수행하는 인공 귀를 만들었다. 이는 3D 프린팅과 은나노 입자, 배양 세포 등을 이용한 것이다. 이 기술은 일반인 귀의 기능을 재현할 수 있다. 뿐만 아니라 인체에 장착할 수 있는 맞춤형 3D 프린팅 의료 기구도 있다. 심장에 관련된 기구로, 실제 환자 개인에 맞춰 개발되고 장착되었다. 전 부품이 3D 프린터로 제작된 것이 특징이다.

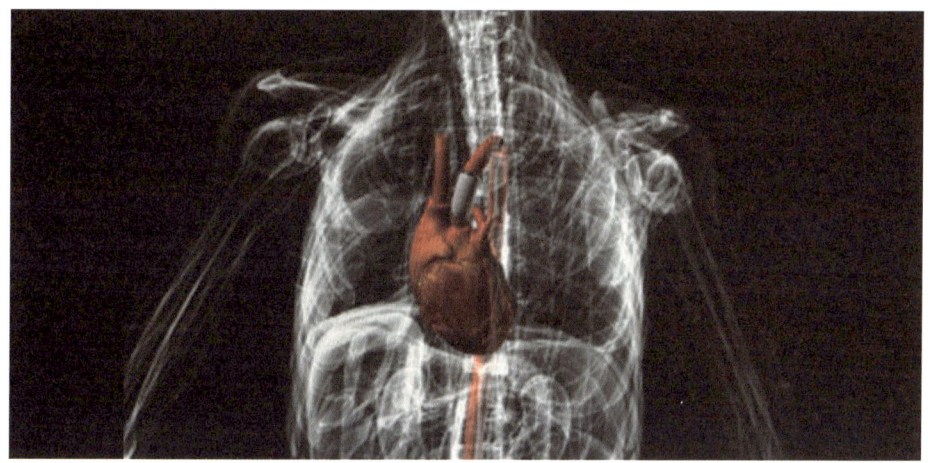

*출처 : Electronic smart pump to revolutionise heart disease treatment.

[그림 3-48] 심장연구에 활용된 3D 프린팅

3D 프린터하면 항상 등장하는 의료 기구는 의족이다. 특히 미국의 비스포크 이노베이션스(Bespoke Innovations)사는 대표적인 의족 회사로, 의족의 가장 큰 문제였던 비대칭을 해결하고 개인에 맞는 의족을 생산하는 회사로 유명하다. 3D 프린터 기술을 이용하여 만든 의족, 비스포크 페어링스(Bespoke Fairings)를 개발하여 기존 의족의 비대칭성과 개인에 맞추는 문제를 해결했다. 비스포크 이노베이션스는 2015년 현재 3D 시스템즈사에 합병되었다. 덕분에 3D 시스템즈사는 3D 프린팅 서비스를 대표하는 회사로 발돋움했다.

*출처 : http://www.bespokeinnovations.com/

[그림 3-49] 베스포크 이노베이션의 홈페이지

다음 사진은 국내 3D 프린터 윌리봇으로 출력한 의수이다. 손가락 관절이 모두 움직이고 실제 사용할 수 있도록 설계되었다. 출력한 파일은 씽기버스 홈페이지에 있으며, 파일을 다운로드받아 어느 프린터든지 출력할 수 있다. 기존에는 의수 제작 시 수백만 원이 필요했지만, 3D 프린터를 활용하면 5만 원 이내로 의수를 제작할 수 있다.

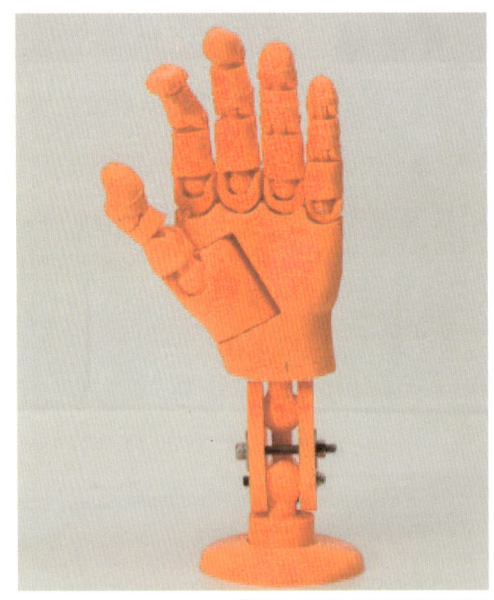

*출처 : 프린팅/오브젝트빌드 제공

[그림 3-50] 윌리봇으로 프린팅한 의수

최근에는 윌리봇 유저가 두개골을 3D 프린팅하여 국내 최초의 프린터 경진대회에서 최우수상을 수상하기도 했다. 다음은 윌리봇 유저가 프린팅한 두개골 사진이다.

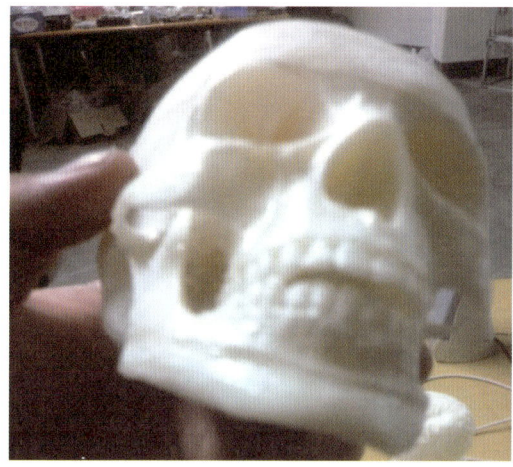 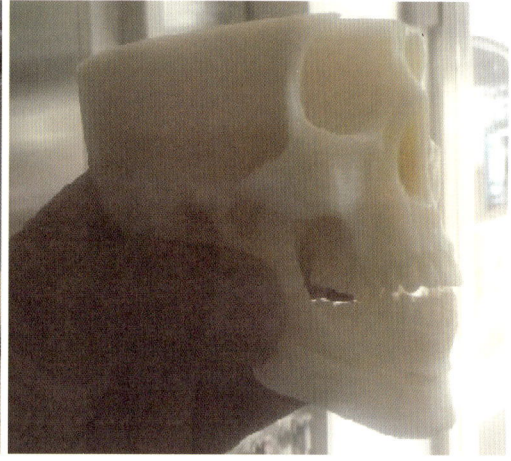

*출처 : http://cafe.naver.com/3Dprinters/3612

[그림 3-51] 경진대회에서 최우수상을 받은 작품, 두개골

다음 사진은 미국 미시간대학교 모트 어린이 병원에서 실제 3D 프린팅 기술을 시술에 활용한 예이다. 2013년 카이바 지온프리도는 폐와 기관지에 선천적인 장애를 가지고 태어나 한시라도 산소 호흡기가 없으면 살 수 없었다. 그래서 글렌 그린 박사와 스콧 홀리스터 박사는 기도에 3D 프린터로 출력한 튜브 삽입을 고안했다. 자기 공명 영상 장치(MRI)로 기도를 촬영해, 환자의 기도에 맞는 맞춤형 플라스틱 기도를 만들었다.

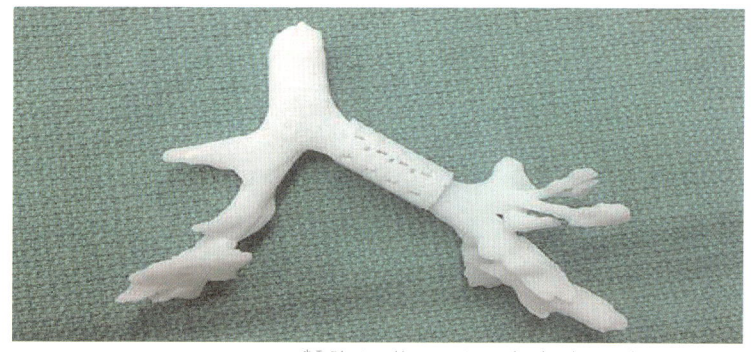

*출처 : http://www.nejm.org/doi/pdf/10.1056/NEJMc1206319

[그림 3-52] 3D 프린터로 출력한 플라스틱 관

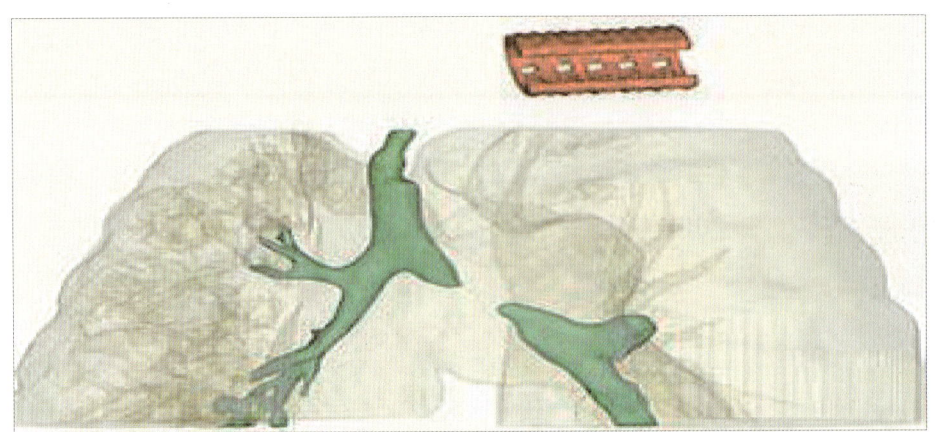

*출처 : http://www.nejm.org/doi/pdf/10.1056/NEJMc1206319

[그림 3-53] 3D 프린터로 출력한 플라스틱 관을 삽입하기 전의 예시

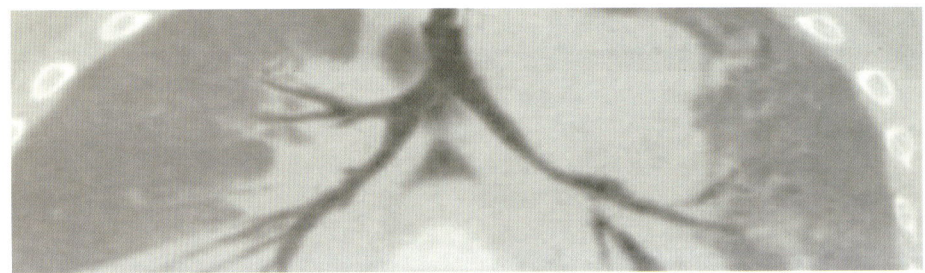

*출처 : http://www.dailytech.com/Doctors+Save+Babys+Life+With+Temporary+3DPrinted+Bronchus/article31628.htm

[그림 3-54] 플라스틱 관이 정상적으로 연결된 모습

같은 해 UC 버클리 의대(University of California, Berkeley)에서도 3D 프린터를 활용하여 모델을 출력했다. 3D 프린팅을 한 이유는 샴쌍둥이 분리 수술이었다. UC 버클리 의대 교수들은 3D 프린팅을 통해 사전 수술 방안을 논의하고, 안전한 수술 방안을 모델로 고안한 다음 수술을 진행했다. 결국 그들은 샴쌍둥이 분리수술에 성공했다. 수술 전 여러 번 신체를 3D 프린터로 프린팅하여 내장과 뼈를 안전하게 분리하는 연습을 충분히 한 결과였다.

또 일본 교토대학교서는 티타늄 분말을 활용하여 정형외과 환자 4명에게 적합한 인공뼈를 제작한 후 이식에 성공했다. 그 밖에도 암환자 노인의 턱뼈를 제작해서 이식한 예도 있다.

다음 사진은 티타늄으로 제작한 인체 임플란트 뼈이다. 실제 금속 3D 프린터와 티타늄 분말을 사용하여 각 개인의 관절 구조에 맞춰 제작한다.

*출처 : EOS 홈페이지(http://www.eos.info/en)

[그림 3-55] 인공 관절 모형을 금속으로 프린팅

3D 프린터로 인공뼈나 관절을 프린팅할 때는 CT와 MRI 촬영을 활용하여 정확한 뼈의 크기와 모양을 파악한다. 정확한 크기와 모양을 파악한 후에 모델링 데이터를 만들고 프린팅한다.

*출처 : (http://www.arcam.com/wp-content/uploads/EBM-Inside.pdf)

[그림 3-56] 티타늄 소재의 비구컵(Acetabular Cup)

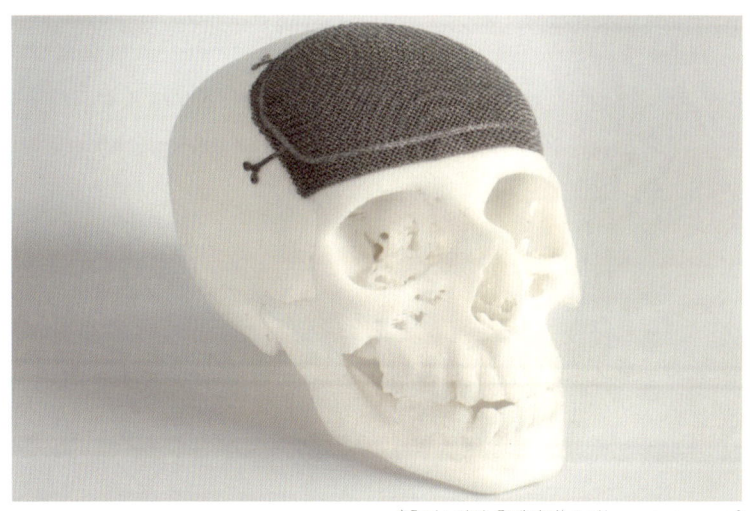

*출처 : 아캄 홈페이지(http://www.arcam.com/)

[그림 3-57] 두뇌 티타늄 임플란트

## 우주, 항공

우주, 항공 분야는 대표적인 소량 및 맞춤형 생산 산업이다. 따라서 독자적으로 금형을 만들면 단가를 맞추기 어렵다. 그래서 3D 프린터에 적합한 사업이지만 우리나라에서는 사업 규모가 그다지 크지 않다는 것이 단점이다.

2013년 미국항공우주국(NASA)은 로켓 연료분사장치 생산에 시아키(Sciaky)사의 EBF3 기술을 적용, 4개월 만에 생산했다. 저비용, 고효율을 위해 3D 프린팅이 항공 사업에 적용된 좋은 예이다. 기존 가공 방식으로는 설계에서 생산까지 최소 2~3년이 필요했던 제작 시간을 3D 프린터를 통해 대폭 줄인 것이다.

이후 미국항공우주국은 우주공간에서 적용 가능한 3D 프린팅 EBF3 기술 개발을 목표로 개발을 시작했다. 참여기관은 미국항공우주국, 보잉(Boeing)사, 록히드 마틴(Lockheed Martin)사로 우주에 적용하기 전에 전투기 'F-22 Bracket', 'F-35 Airframe'에 적용하여 평가했다. EBF3 공정은 전자빔을 사용하여 프린팅하는 공정인데, 정밀도가 다소 떨어지지만 제작 시간이 빨라서 많이 사용한다. 일단 형체를 빨리 프린팅한 다음 정밀 기계로 절삭 및 열처리 등의 후가공을 하여 정밀한 부품을 만든다.

*출처 : http://www.sciaky.com/

[그림 3-58] EBF3 가공기

*출처 : http://www.sciaky.com/

[그림 3-59] f-35의 부품

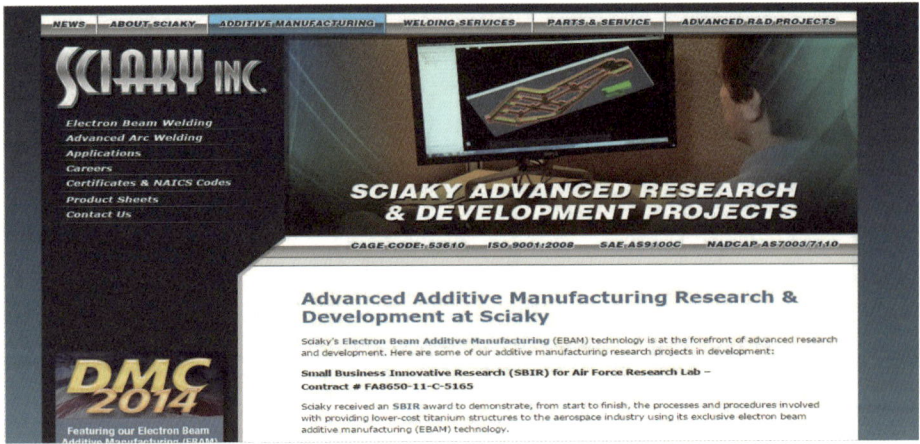

*출처 : http://www.sciaky.com/

[그림 3-60] 시아키의 홈페이지. F35 부품 제조 공정을 확인할 수 있다

## 기존 가공방식 대비 복잡한 형상 제작 및 재료비 절감

3D 프린터의 세 번째 장점은 기존 절삭가공에 비하여 복잡한 형상 제작이 가능하다는 점이다. 따라서 복잡하지만 같은 강도를 가진 복잡한 형태를 제작할 때 재료비를 절감할 수 있다. 출력물이 90%를 깎고 10%만 사용해서 완성되는 제품이라면 3D 프린터로 적층하여 제작하면 재료비의 90%를 절감할 수 있는 것이다.

*출처 : EOS 홈페이지(http://www.eos.info/press/customer_case_studies/eads)

[그림 3-61] 같은 강도와 성능을 갖는 부품 프린팅

3D 프린터는 아래 사진 속 부품의 구조처럼 복잡하고 내부가 뚫린 형상 제작에 용이하다. 또 가공 후 버리는 재료(Buy-to-Fly Ratio)를 줄일 수도 있다. 특히 고가인 금속을 절삭하는 경우 기존 방식에 비해 재료비를 크게 절감할 수 있다. 티타늄을 사용하는 경우가 대표적으로 연구되고 있다. 3D 프린터의 목표는 재료비를 절약해서 고가의 스테인레스 강을 사용한 정도로 제작비를 줄이는 것이다.

*출처 : EOS 홈페이지

[그림 3-62] 열교환기

영국의 위딘(Within Tech)사와 3T RPD사는 3D 프린터를 활용하여 격자 무늬를 반복적으로 적용한 판형 열교환기와 자동차 배기가스 배출구의 후프 제작에 성공했다. EOS사의 프린터로 제품을 가공했으며 기존 방식으로는 가공할 수 없다.

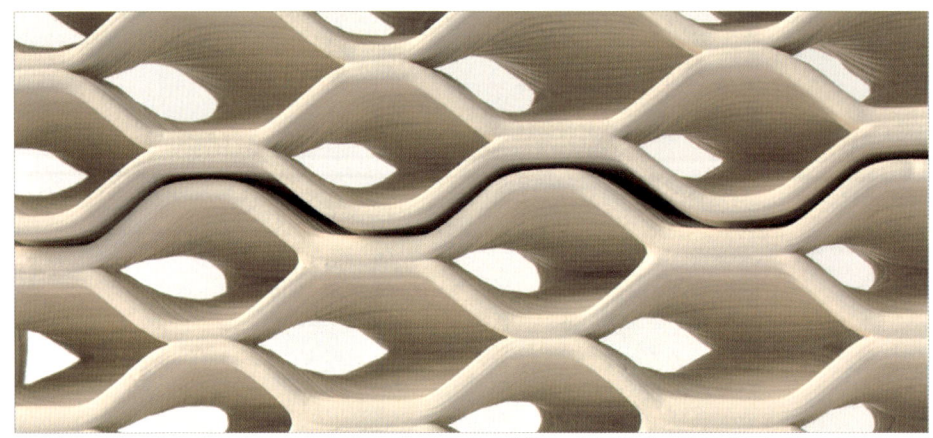

*출처 : 디자인랩 워크숍(http://designlabworkshop.com/)

[그림 3-63] 형상 벽돌

네덜란드의 디자인 랩 워크숍(Design Lab Workshop)에서는 3D 프린트를 활용하여 기존의 절삭가공 방식으로 구현하기 힘든 형상 벽돌인 빌딩바이츠(Building Bytes)를 제작했다. 이 블록은 기존의 벽돌과 동일한 강도를 유지한다.

## 제조 공정 단순화, 인건비ㆍ조립비용 감소

3D 프린터는 완제품을 제작할 때 제조 공정을 단순화하고, 인건비와 조립 비용이 발생하지 않는다. 조립된 제품의 형태로 출력이 되기 때문에 출력 후 바로 사용할 수 있다. 프린터에서 일체형으로 프린팅되어 생산되기 때문에 조립에 따른 시간과 비용이 절감된다.

앞으로는 자동차 기어 박스도 완제품으로 출력되어 조립할 필요가 없어질 수도 있다. 이 밖에도 기타 일체형 제품이 조립 없이 완제품으로 프린팅될 것이다. 다음 사진으로 조립이 없이 하나의 완제품으로 출력한 예를 살펴볼 수 있다.

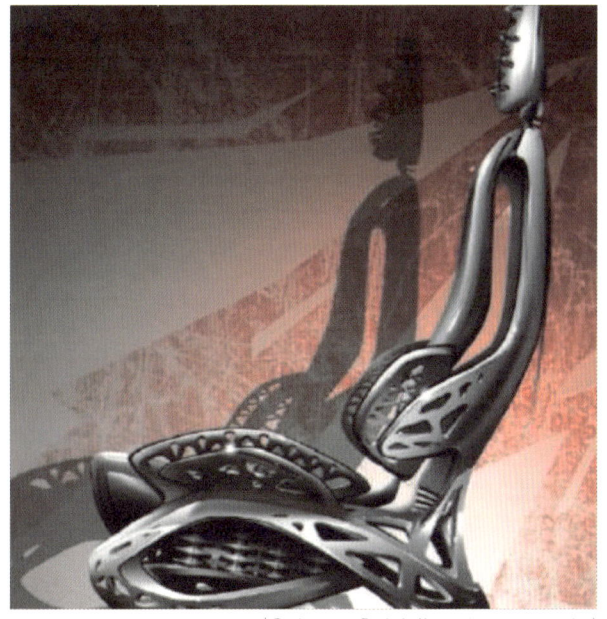

*출처 : EOS 홈페이지(http://www.eos.info/en)

[그림 3-64] 조립된 형태로 출력된 의자, EOS의 프린터로 출력

## Chapter 03
## 오픈 소스를 이용한 프린팅 사례

오픈 소스의 저작권을 관리하는 기관이 따로 있다. 그러나 오픈 소스라도 저작권을 가진 제작자가 권리를 제한할 수 있다. 제재 내용은 저작권마다 다르다. 제작한 제품에 원제품 명을 붙이거나 원저작자를 반드시 표기해야 하는 등 제재의 종류는 다양하다. 하지만 우리나라는 오픈 소스의 저작권에 대한 인식이 낮다. 3D 프린터 개발 초기인 현재는 소송을 제기하지 않지만 추후에 소송이나 법적 시비에 휩쓸릴 위험이 있으니, 본서에 소개된 오픈 소스도 해당 오픈 소스의 저작권을 꼭 확인해야 한다. 특히 상업용으로 사용할 계획이라면 더 꼼꼼히 확인하고 추후에 문제가 없도록 조치하는 것이 좋다. 대부분의 오픈 소스는 개인용 제작에는 크게 문제를 삼지 않으나, 상업적으로 사용할 때는 제재가 많다. 프린터 제작과 프린팅 계획이 있는 사용자라면 오픈 소스에 대한 기본적인 인식을 가지고 있어야 한다.

이번 장은 3D 프린터로 출력할 수 있는 것을 알아본다. 타인의 멋진 출력물을 바라만 볼 것이 아니라, 직접 출력해 보는 것이다. 저렴한 개인용 프린터도 충분히 멋있는 출력물을 만들 수 있다.

물체를 3D 프린팅하여 하나의 출력물을 얻는 것은 무척 어렵고 힘이 드는 일이다. 당연히 3D 프린터가 있어도 불가능하거나, 많은 비용이 필요한 프로젝트이다. 이 어려운 프로젝트는 오픈 소스를 이용하면 생각보다 쉽게 접근할 수 있다.

3D 프린팅하기 위한 오픈 소스로는 로봇, 카메라, 감시용 미니 자동차 등이 있다. 3D 프린팅을 할 수 있는 파일은 주로 'STL' 확장자를 가진 파일이다. 모델링한 데이터는 프린터용 파일로 변환이 되어야 한다. 오픈 소스로 공개된 설계도를 찾아 원하는 제품을 만드는 프로젝트는 3D 프린터를 이용하여 원하는 물건을 쉽게 만드는 프로젝트가 될 수 있다.

지금부터 오픈 소스를 활용하여 3D 프린터를 자연스럽게 접하고 활용할 수 있는 방법을 소개한다. 다음 오픈 소스로 오브젝트를 제작해보면 자연스럽게 3D 프린터가 익숙해질 것이다.

## 감시용 미니 지프 자동차 로버

로버(Rover)는 감시가 목적인 미니 지프 자동차이다. 로버를 3D 프린터로 출력할 수 있는 부품은 씽기버스 홈페이지에서 다운로드 받아 3D 프린터로 출력할 수 있다. 키트의 부속(BOM)과 제작 매뉴얼은 홈페이지에 모두 설명되어 있다.

안드로이드 앱은 프로그램이 어렵고 아두이노(Arduino) 프로그램은 연결은 무척 힘든 프로그램이다. 하지만 솔루션을 따라하면 좀 더 쉽게 사용할 수 있다. 매뉴얼을 차례대로 따라하면 빠르게 기술을 습득할 수 있다. 일단 아두이노에 대한 기본 지식을 익히고, 안드로이드 프로그래밍에 대한 기본적인 지식을 배워야 한다.

*출처 : http://www.arxterra.com/wp-content/uploads/2013/08/b1.0_build_instructions1.pdf

[그림 3-65] 실제 키트

## 휴머노이드 로봇 포피

포피(Poppy)는 프랑스의 인리아 플라워즈 랩(Inria Flowers Lab)에서 만든 휴머노이드 로봇이다. 오픈 소스이지만, 키트로 판매도 하니 참고하는 것이 좋다. 가격은 1만 달러가 넘지만, 직접 제작하면 가격도 저렴하고 로봇을 공부하는 학생에게 많은 도움이 될 것이다.

[표 3-2] 포피의 사양

| 사양(Specifications) ||
|---|---|
| 크기(Dimensions) | H : 84 W : 25 T : 10 (단위 : cm) |
| 중량(Mass) | 3.5 kg |
| 모터(Motors) | · 21x Robotis Dynamixels MX-28<br>· 2x Robotis Dynamixels MX-64<br>· 2x Robotis Dynamixels AX-12 |
| 가격(Cost) | 7500-8000 (단위 : €) |
| 조립시간(Assembly Time) | 2~3일 |

*출처 : www.poppyproject.org

*출처 : https://flowers.inria.fr/

[그림 3-66] 포피의 실제 모습

## B-Robot

이 로봇의 정식 명칭은 B-Robot이다. 자이로스코프를 사용해서 자이로보라고도 불린다. 센서와의 통신은 3축 자리로스코프 센서와 디지털 모션 프로세서 'MPU 6560'을 I2C 포트를 이용하여 통신한다. 제작 과정이 잘 안내되어 있고, 각 부품에 대한 설명도 꼼꼼하다.

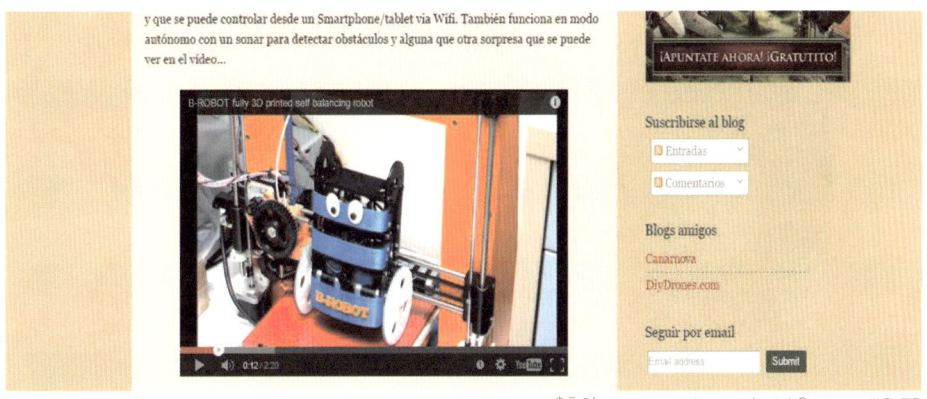

*출처 : www.youtube.com/watch?v=v=uxpX9aFQ

[그림 3-67] B-Robot의 비디오가 있는 홈페이지

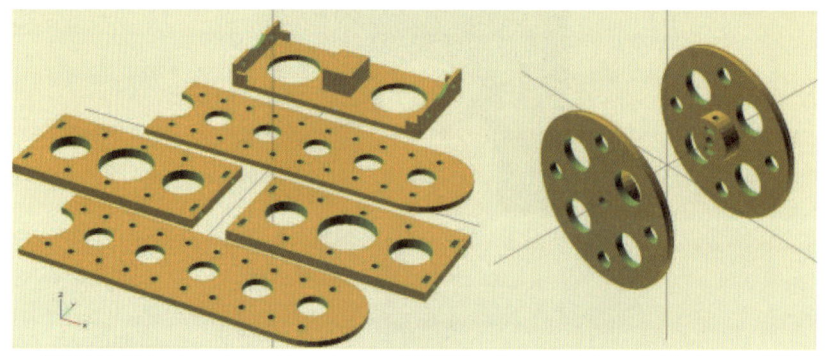

*출처 : http://cienciaycacharreo.blogspot.com.es/2013/10/b-robot-un-robot-equilibrista-impreso_28.html

[그림 3-68] B-Robot을 3D 프린팅할 파일 예시

## SLR 카메라 'OpenReflex'

레오 마리우스(Leo Marius)가 디자인한 'OpenReflex'는 오픈 소스 SLR 카메라이다. 아두이노 프로그램으로 제어할 수 있는 자동 셔터도 만들 수 있다. 일반적인 3D 프린터로 15시간 정도 출력하고, 한 시간 내로 조립할 수 있는 1안 리플렉스 카메라이다.

*출처 : http://www.thingiverse.com/thing:113865

[그림 3-69] 3D 프린팅을 통해 제작한 6. 1안 리플렉스 카메라

아래 홈페이지에서 설계도를 다운로드 받고 프린팅할 설계도의 STL 파일을 g-코드로 바꾸어 출력한다. 만약 프린터가 없다면 출력 대행업체에 의뢰할 수도 있다.

Mechanical shuter test at 1/50s

Fully modular and Open Source!

*출처 : http://www.instructables.com/id/3D-Printed-Camera-OpenReflex/

[그림 3-70] 프린터 부품

## 햅틱 기어

햅틱 기어는 포드(Ford)사가 진행하는 오픈 소스 XC 프로젝트로 만들어진 제품이다. 자동차에 본인이 원하는 기능을 추가하거나, 새로운 기능을 추가할 수 있는 오픈 소스 인터페이스 기능이다. 이것의 하나의 응용으로 3D 프린팅을 이용해서 만든 것이 햅틱 기어이다.

*출처 : http://www.open-electronics.org/an-opensource-3D-printed-haptic-car-gear-for-ford/

[그림 3-71] 오픈 XC와 3D 프린팅을 이용한 작품

지금까지 오픈 소스에 대해 알아본 결과, 초보자는 균형 잡는 로봇, 감시용 차, 카메라 제작이 가장 적합하다. 그리고 초보자 단계를 넘어서는 보다 고차원적인 이용을 위해서는 포피, 오픈 XC 프로젝트에 참여하는 것이 좋다.

## Chapter 04
## 프린팅 서비스업체

3D 프린터 시장이 활성화됨에 따라 다양한 비즈니스 모델도 등장하고 있다. 초기에는 단순히 제품 판매 사업뿐이었지만, 현재는 제품의 3D 모형 데이터 파일 거래, 3D 프린터를 여러 대 갖추고 개인이나 소규모 기업의 주문을 받는 사업이 출현하고 있다.

특히 셰이프웨이는 개인이 디자인한 제품을 3D 프린터로 출력, 배송해줄 뿐만 아니라 자신이 만든 디자인 파일을 다른 사람에게 판매할 수 있는 온라인 마켓플레이스(Online Marketplace) 서비스도 선보였다.

기존의 무상 사이트는 메이커봇사가 운영하는 씽기버스가 있다. 씽기버스의 홈페이지에서는 프린팅 파일을 무상으로 업로드, 다운로드할 수 있다. 이처럼 무상 사이트의 서비스를 통해 다양한 3D 프린터용 설계 도면이 자유롭게 유통될 수 있다. 일반 대중도 제품의 생산자로 참여할 수 있는 기회가 열린 것이다.

3D 프린터 제조 회사인 스트라시스사는 레드아이(RedEye)라는 3D 프린팅 대행 서비스를 제공한다. 개인이나 기업이 이 서비스를 이용해 3D 설계 도면을 파일로 보내면 제품을 만들어 주는 서비스를 제공한다.

레드아이는 ME 방식부터 SLA, SLS 방식에 이르기까지 5개의 제조 방법과 ABS 플라스틱, 폴리카보네이트(Polycarbonate), 나일론 등을 포함하는 15개의 원료를 제공한다. 제조 방법에 따라 제품 제작에는 3~5일이 소요된다.

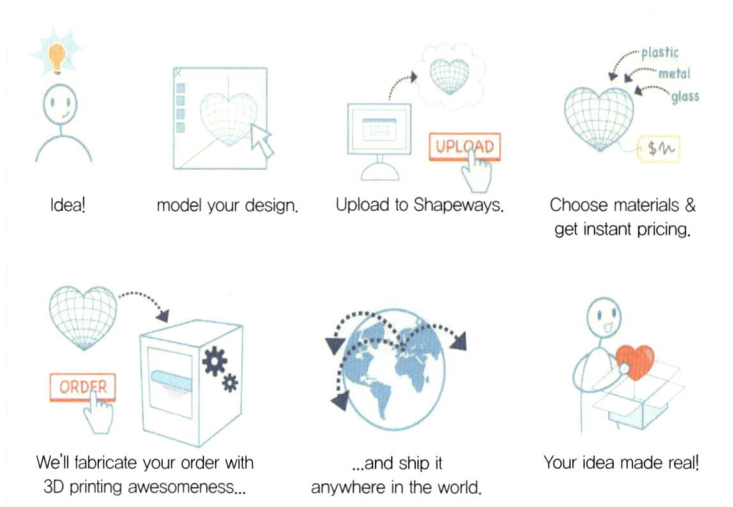

*출처 : 셰이프웨이 홈페이지(2013, http://www.shapeways.com)

[그림 3-72] 주문을 통한 3D 프린팅 제작 모식도

국내에는 3Dtek가 대표적이다. 국내외 언론에도 많이 소개되었다. 회사의 인원은 3D 모델러, 3D 프린팅 전문가, 후처리 전문가로 구성되었다. 이 업체는 금형 분야의 전문기업으로, 20년 정도의 경력을 가진 기업이다. 현재는 기본 프린팅 분야와 의료 분야에 주력하고 있다.

# 04

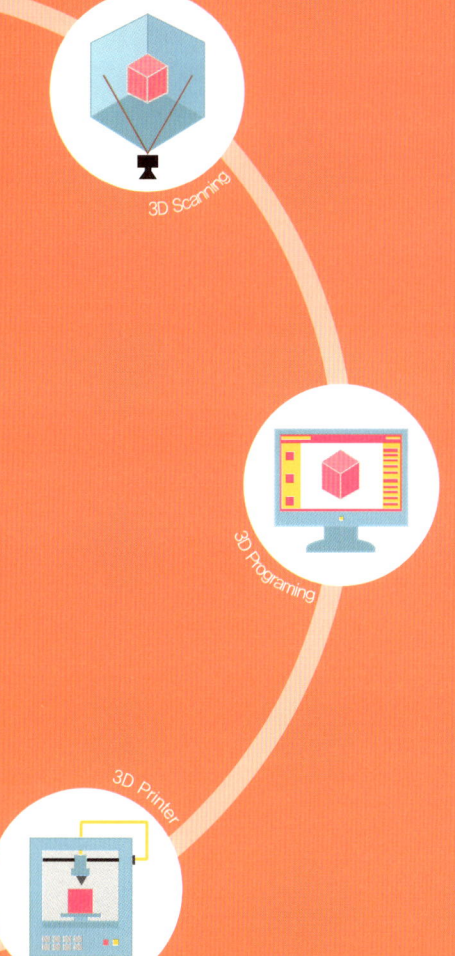

## 실제 3D 프린터 만들기
## (실전 활용)

01  3D 프린터 시대의 개막과 윌리봇
02  윌리봇 하드웨어 제작
03  윌리봇 하드웨어 제작 완료와 튜닝
04  윌리봇 펌웨어 및 제어 소프트웨어
05  윌리봇으로 실제 프린팅하기
06  SLS 방식 3D 프린터의 발전 방향

Chapter 01
# 3D 프린터 시대의 개막과 윌리봇

3D 프린터는 자신이 만들고 싶은 것을 컴퓨터로 그린 다음 입체적으로 출력하는 장비이다. 만약 컴퓨터로 모델링해서 오브젝트를 그리기 어렵다면 3D 스캐너로 원하는 형태를 스캐닝한 다음 출력할 수도 있다.

과거에는 이 같은 기술을 상상할 수 없었지만, 지금은 IT 기술의 발달 및 보편화 덕분에 누구나 3D 프린터를 만들어 사용할 수 있는 시대가 됐다. 특히 '누구나'라는 단어에 주목해야 한다. 왜냐하면 오픈 소스에 기반을 둔 3D 프린터 개발 기술이, 그것도 국내 순수 기술로 등장했기 때문이다. 이전까지는 외국 제품이라 어려움이 많았는데, 이제는 국내에서 제작되어 누구나 만들 수 있게 되었다.

본격적인 이야기에 앞서 3D 프린터와 2D 프린터가 무엇이 다른지 알아보자. 그러기 위해선 3D 프린터와 관련된 용어 중 첨가방식 생산(Additive Manufacturing, AM)에 대해 반드시 알아야 한다. 예전에는 목업(Mock Up)을 만들거나 시제품을 만드는 과정에서 3D 프린터가 이용될 때 쾌속 조형(Rapid Prototyping, RP)이라는 단어를 사용했다. 하지만 3D 프린터가 시제품 이상의 품질을 갖춘 실제 제품 생산에 사용되면서 첨가방식 생산이 화두로 자리 잡았다.

## 3D 프린터의 구동방식

AM은 가상의 3D 컴퓨터 데이터를 실제 3D 물체를 구현하는 기술을 뜻한다. 미국 재료시험학회(American Society for Testing and Materials, ASTM)에서는 첨가방식 생산을 다음과 같이 정의한다.

> Process of joining materials to make objects from 3D model data, usually layer upon layer, as opposed to subtractive manufacturing methodologies.
> : 3D 모델 데이터에서 일반적으로 적층식으로 원료를 붙여서 원하는 물체를 만드는 공정

이처럼 첨가방식 생산용 기계는 3D 캐드 파일을 2D 평면으로 만든 다음 한 면씩 출력하여 이를 쌓는 방식으로 생산한다. 다시 말해 3D 프린터는 모델 데이터를 가지고 원재료를 쌓아 올린 후 그 사이를 붙여 원하는 물체로 만드는 것이다.

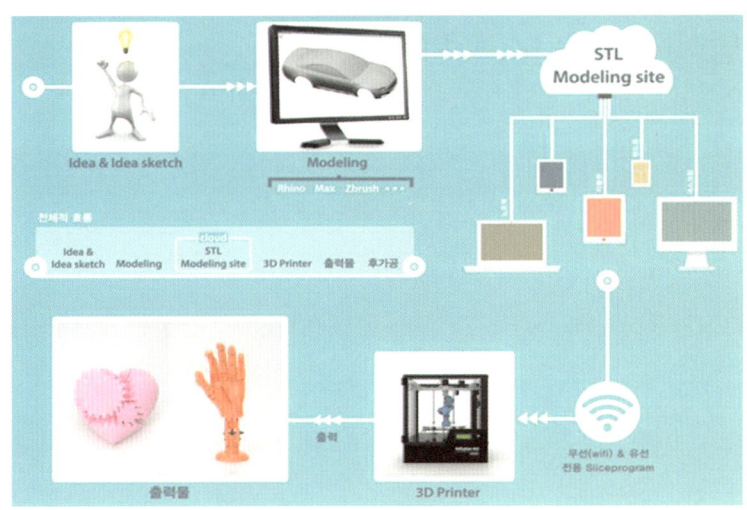

[그림 4-1] 원하는 모양을 첨가방식 생산 기계가 제작하는 예

[표 4-1] 미국재료시험학회에서 정의한 첨가방식 생산 방법

| 구분 | 설명 |
| --- | --- |
| Binder Jetting | ·액체 상태의 연결 접착제를 파우더에 분사해서 붙이는 방식 |
| Material Jetting | ·파우더를 분사해 선택적으로 붙이는 방식 |
| Powder Bed Fusion | ·파우더 베드에 있는 파우더에 열이나 레이저 에너지를 가해 파우더를 붙이는 방식<br>·SLS 방식이 대표 |
| Directed Energy Deposition | ·초점에 정확히 에너지를 주사해 녹여 붙이는 방식<br>·금속 분말을 레이저로 녹이는 메탈 프린터가 대표적 |
| Sheet Lamination | ·종이 시트 형태로 된 원료를 붙여서 만드는 방식 |
| Vat Photopolymerization | ·UV나 광경화성 수지에 자외선이나 빛으로 원료를 경화시켜 만드는 방식<br>·DLP 방식과 SLA 방식이 대표적 |
| Material Extrusion | ·노즐을 통해 원료를 녹인 후 분사해서 만드는 방식<br>·FDM, FFF 방식의 가정용 프린터가 대표적 |

*출처 : 미국재료시험학회

## 첨가생산 방식이 비즈니스에 미치는 영향

첨가생산 방식의 장점은 새로운 공구나 특별한 하드웨어가 필요하지 않다는 것이다. 그래서 기존 제조 공장에서는 AM 기계만 마련하면 된다. 또 제품 생산 후 A/S를 위해 부품을 별도로 생산하거나 미리 보관할 필요가 없다.

그래서 AM 방식이 적합한 산업분야는 복잡한 모양을 가진 제품을 생산하거나 부품 소요량이 적은 분야다. 대표적으로 우주정거장, 소형 위성, F-18 전투기, 보잉 787, 치과 보철재료, 보청기, 고급 자동차 제조에 사용된다. 현재 산업과 연관된 분야에만 국한되어 있지만 개인용 3D 프린터 시장이 본격화되면서 이에 대한 비즈니스도 활성화될 것으로 보인다.

AM 기종 중에서는 국내에서 개발한 윌리봇이 있다. 3D 프린터 개발 커뮤니티를 통해 모든 개발 자원을 공개한 윌리봇은 전세계에 많은 사용자를 보유하고 있다. 윌리봇은 현재 박스형 5호와 델타봇 형태까지 개발되었다. 최근에는 또한 금속 3D 프린터와 레이저 광

원 소스 설계가 진행 되어 현재 PBF 방식(SLS 3D 프린터)이 완성되었다.

월리봇은 어떤 특징이 있을까? 첫 번째는 FDM 방식 3D 프린터의 최대 두 배 크기인 200×200×250㎜ 크기의 물체를 출력할 수 있다는 것이다. 또 커뮤니티와 공작소를 중심으로 인력을 갖추고 있고, 사용자의 요구에 따라 쉽게 구조를 변경할 수도 있다.

이처럼 다양한 특징이 있지만 월리봇의 가장 큰 장점은 출력 과정이 간단하다는 것이다. 아래의 몇 가지만 수행하면 프린팅이 가능하다. 다른 3D 프린터는 프린팅 과정이 복잡하지만 월리봇은 몇 번만 클릭하면 바로 프린팅이 가능하다.

프린팅을 한 후에 하나씩 배워가는 것이 흥미를 유지하는 비결이다. 그렇지 않으면 험난한 프린팅 과정을 거치면서 너무 어렵다는 생각을 가지기가 쉬운데, 이런 문제를 해결해 주는 것이 가장 중요한 월리봇의 특징이다.

기본 실행 환경은 Windows 7이다. 큐라(Cura) 소프트웨어는 얼티메이커 홈페이지(software.ultimaker.com)에서 다운로드한다. 큐라는 오픈 소스이기 때문에 국내에서 많이 쓰이는 프로그램이다.

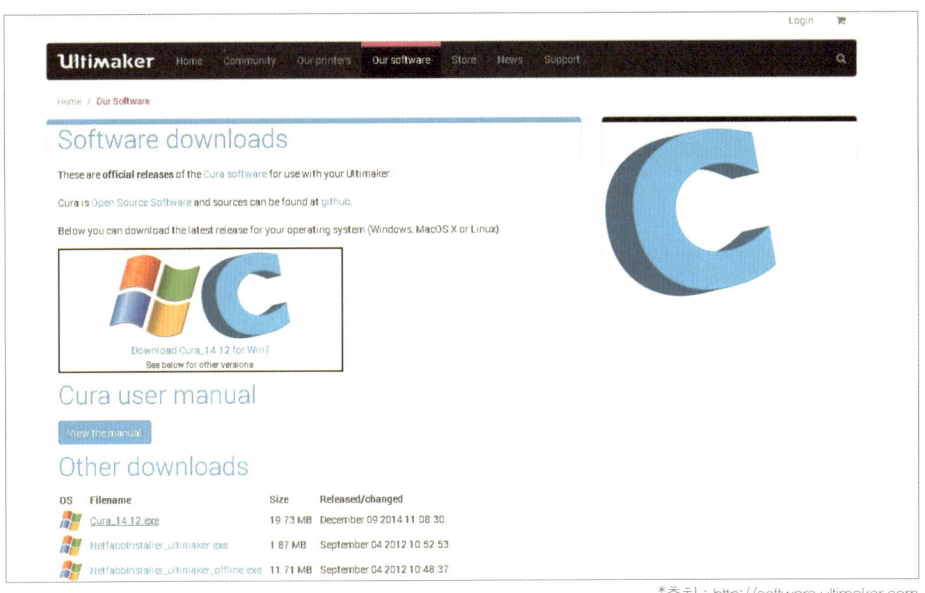

*출처 : http://software.ultimaker.com

[그림 4-2] 큐라 소프트웨어를 다운로드 받는 사이트

## [ 큐라를 활용하여 3D 프린팅하는 과정 ]

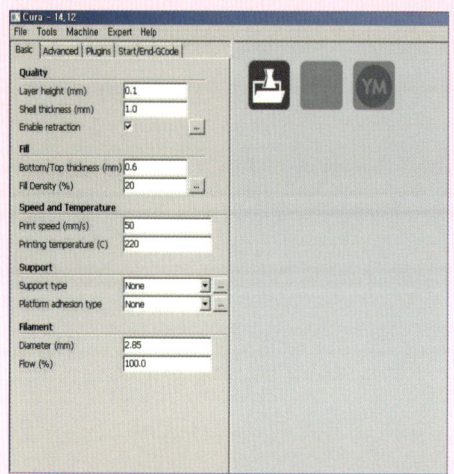

01. 프린터의 전원을 켠 후 윈도우에서 큐라를 실행한다.

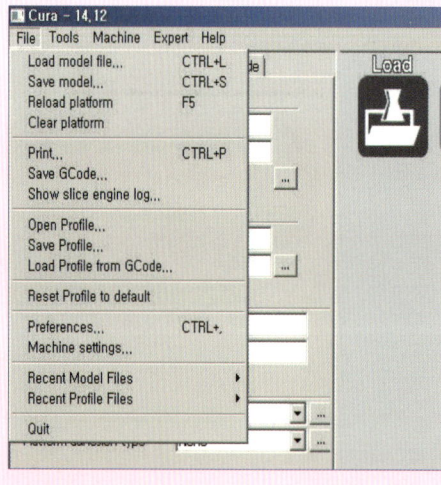

02. 상단 메뉴바에서 [File] – 프린트할 파일을 실행한다.

 Tip 큐라 13.04는 Windows XP에서 사용하고, 최소 Windows 7에서 큐라 14.02 버전 프로그램을 실행한다.

[ 큐라를 활용하여 3D 프린팅하는 과정 ]

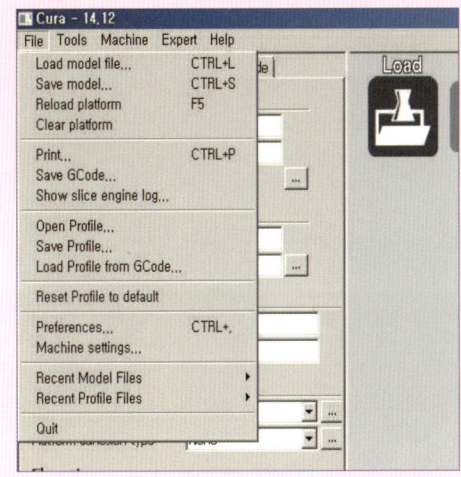

03. 상단 메뉴 바에서 [File] – Prepare print 를 실행하여 프린트를 위한 준비상태를 확인한다.

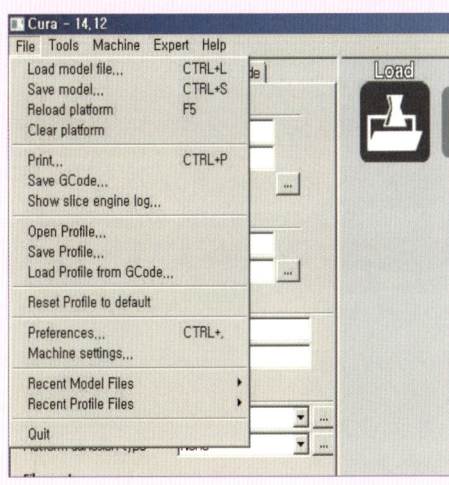

04. 상단 메뉴 바에서 [File] – Print를 실행하면 새로운 프린트 화면이 생성되며 출력된다.

# [ 큐라를 활용하여 3D 프린팅하는 과정 ]

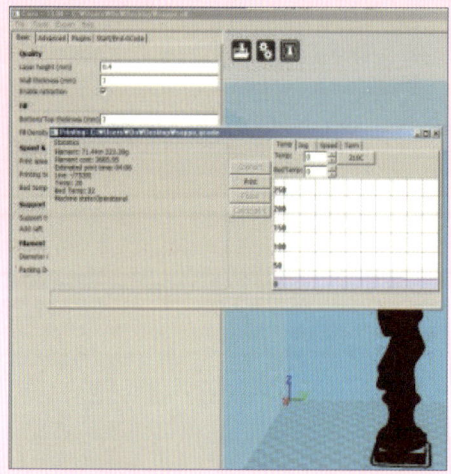

05. 프린트 지원화면이 표시된다. 'Operational'이 선택되어 프린터가 연결되어 사용 가능한 상태임을 확인한다.

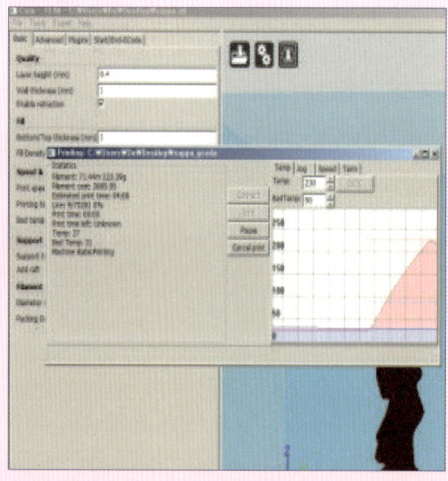

06. 프린트 과정이 표시되며 출력 중인 것을 확인한다. 이때 프린터의 상태가 'Printing(Machine state)'이면 정상적으로 작동 중인 것이다.

Tip  이 과정에서 온도가 자동으로 240, 110℃로 설정되는데, STL 파일을 'G-code'로 변경할 때 값을 정하면 된다.

## [ 큐라를 활용하여 3D 프린팅하는 과정 ]

07. 결과물을 확인한다.

위의 예시처럼 간단한 프린팅 과정을 거치면 누구나 3D 프린팅을 할 수 있다. 대부분의 프린터는 사용 과정이 어렵다. 이때 이처럼 간단한 프린팅 과정이 있다는 것을 알아두는 것만으로도 프린팅 과정을 쉽게 설명하는 데 도움이 된다.

메이커봇과 같은 개인용 프린터도 프린팅 소프트웨어인 '리플리케이터 G(Replicater G)' 프로그램을 활용한 인터페이스를 제공한다. 인터페이스를 제공하는 프로그램을 활용하는 것은 고가 프린터의 특징이기도 하다. 이 프로그램들은 유저가 3D 프린터를 좀 더 간편하게 활용할 수 있도록 배려한 것이 특징이다.

## 3D 프린터 하드웨어의 구성 요소

3D 프린터의 하드웨어는 크게 기계, 전자, 압출기(Extruder)로 구성되어 있다. 대부분의 3D 프린터는 모든 하드웨어가 상자 속에 있다. 왜냐하면 출력할 물체가 고정된 상태에서 프린터 헤드가 X와 Y축으로 자유롭게 움직여야 안정적인 결과물을 생산할 수 있기 때문이다.

멘델 계열 3D 프린터의 프린터 헤드는 X축, 결과물은 Y축으로 움직이는 방식이다. 작은 물체를 출력할 때는 문제가 생기지 않더라도 큰 물체를 출력할 때는 제대로 출력되지 않을 수 있다.

기계에서 핵심체는 X, Y축을 구동하는 모터 벨트 구동부이다. 모터 벨트 구동부에서는 특히 리니어 모터(Linear Motor)가 제일 중요하다. 이동과 관련된 부품에는 리니어 베어링(Linear Motion Bearing)과 LM가이드(LMGuide)가 있는데, 리니어 베어링의 성능이 좀 더 좋다.

벨트는 멘델 계열에서 사용하는 MXL 구형과 2GT 벨트 풀리가 있다. 2GT 벨트 풀리는 위치 이동용 벨트이고, MXL은 동력 전달용 벨트이다. 3D 프린터는 익스트루더가 이동하기 때문에 위치 이동용 벨트를 사용하는 것이 좋다.

Z축 부품은 전산나사, TM 나사, 볼스크류(Ball Screw)가 있다. TM 나사는 전산나사에 비해 가격이 최대 50배까지 차이가 난다. Z축 모터 동력 전달을 구성하는 요소 중 커플링은 모

터와 축을 연결한다. 리니어 모터는 축에 TM 나사가 붙어 있다. 이렇게 구성하면 편차나 동력 전달이 제대로 이뤄져 Z축 프린트의 정밀도가 향상된다. 따라서 기계 부분 구성은 LM 가이드, 2GT 벨트 풀리, 리니어 모터의 조합이 가장 좋다.

전자는 3D 프린터를 제어하는 제어보드로 이뤄져 있다. 대부분의 3D 프린터가 제어보드를 구성할 때 중앙처리장치는 오픈 소스 보드인 아두이노(Arduino)를, 모터나 히터 등의 제어는 램프(Ramp) 보드를 사용한다. 이유는 슬라이싱 소프트웨어와의 호환성 및 연계성 때문이다. 그 외 제어에 사용되는 보드는 람보(Rambo), 프린트알 보드(PrintR Board), 마이티 보드(Mighty Board) 등이 있다. 람보 보드는 램프 보드의 호환 기종이고, 저가형 멘델 제품에 많이 쓰이는 프린트알 보드가 있다.

익스트루더는 녹인 ABS 필라멘트를 분사하는 장치다. 익스트루더는 쿨엔드와 핫엔드로 나뉜다. X축 이동부에 쿨엔드와 핫엔드가 같이 있는 것을 일체형, 두 개가 분리된 것을 보우덴 방식이라고 한다. 일체형은 필라멘트를 밀어주는 모터의 관성으로 인해 고속 프린팅에는 부적합하다. 보우덴 방식은 X축에 모터를 두지 않고 분리했기 때문에 관성을 받지를 않아 빠른 속도로 제품을 만들기에 적합하다. 이때 일정한 거리에서 필라멘트를 밀기 때문에 필라멘트가 흐르지 않도록 당기면 문제가 없다. 한편 듀얼 익스트루더는 두 가지 색깔의 플라스틱을 지원한다.

[그림 4-3] 3D 프린터에서 잉크 역할을 하는 ABS 필라멘트

[그림 4-4] 일체형 압출기

정밀한 제품을 만들 수 있느냐 없느냐의 척도는 노즐의 구경에 따라 결정된다. 가장 많이 사용하는 노즐의 구경은 0.4㎜이다.

초기 일부 3D 프린터는 대부분 0.4㎜ 노즐을 가지고 있었지만 훨씬 굵게 나오는 경우가 있었다. 윌리봇은 0.1㎜까지 개발됐지만 지원하는 필라멘트가 없어 아직 테스트하지 못했다. 현재 고속을 위한 0.8㎜ 노즐 개발이 완료되어 고속 출력에 사용되고 있다. 쉽고 빠르게 출력하려면 0.8㎜ 노즐이 적합하다.

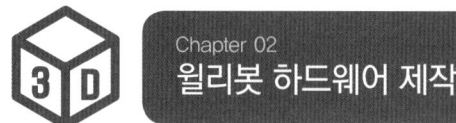
## Chapter 02
## 윌리봇 하드웨어 제작

지금부터 윌리봇 제작과정을 소개한다. 참고로 이 글은 윌리봇 워크숍 2기에서 탁월한 기량을 보여준 도너츠님의 교육 자료를 바탕으로 작성되었다.

윌리봇은 현재 3호까지 개발됐으며, 개발과 관련된 자료는 모두 공개되어 있다. 제1호 윌리봇은 'BWillyBot'이다. 'Before WillyBot'의 의미를 담고 있으며 크기는 500×500㎜이다. BWillyBot은 사람의 두상을 출력하기 위해 제작되었다.

그 다음 개발된 윌리봇 2호는 보급형을 염두에 두고 개발되었다. 크기가 400×400×400㎜인 윌리봇 2호는 2GT 풀리를 적용하여 정밀도를 향상시켰다. 또한 윌리봇 1호는 크기가 커 Z축이 두 개였지만, 윌리봇 2호는 Z축을 하나로 변경했다. 또 익스트루더 기어(Extruder gear)와 히트블럭(Heat Block) 등은 모두 수작업으로 제작했다.

제3호 윌리봇 역시 보급형을 염두에 두고 제작했다. 외부 가공을 통해 출력한 오브젝트의 균일성과 프린터의 안정성을 확보하고자 했다. 이를 위해 윌리봇 3호를 구성하는 아크릴과 알루미늄 판을 레이저로 가공해 정밀도를 향상시켰고, 히트 베드를 지지하는 Z축을 알루미늄으로 변경했다. 특히 200×200×200㎜ 이상의 물건도 프린트할 수 있도록 히트 베드를 직접 개발했다.

현재 윌리봇은 8호까지 개발된 상태다. 윌리봇 3호부터는 SLS 프린터 개발도 함께 진행했다. 윌리봇 4호부터는 오브젝트빌드에서 제조하여 사양이 변경되었으며, 윌리봇 상위 버전을 수정한 라이선스 역시 오브젝트빌드가 가지고 있다. 또한 알루미늄과 3D 프린팅 되는 부품의 STL 파일 등은 윌리봇 커뮤니티에 모두 공개되어 있다.

## 윌리봇 라이선스

윌리봇이 오픈 소스를 지향하고 있는 만큼 '그냥 가져다 쓰면 되겠지'라고 생각할 수 있다. 하지만 이런 생각은 큰 문제를 불러온다. 라이선스 문제에서는 원저작자의 의도가 가장 중요하다. 라이선스 조항을 원저작자가 직접 만들기 때문이다. 그러므로 자신만의 윌리봇을 개발했다면 이전과 어떻게 달라졌는지 밝혀야 하며, 원저작자의 이름을 반드시 명시해야 한다.

다음은 윌리봇 3호에 대한 라이선스 조항이다. 해외 발표를 목적으로 개발된 만큼 영어로 작성되어 있다. 주요 내용은 윌리봇 3호가 개발된 2012년을 기준으로 상업용이 아닌 일반 개인 사용자에 한해 1대까지 제작할 수 있으며, 수정사항과 도면 및 자료들을 모두 공개하도록 명시되어 있다.

WillyBot

License Agreement for WillyBot™ 3D Printer version no. 3.
Version 1.0, Released May 14, 2012.

In support of the maker community, we're releasing, under license, the documentation necessary to create your own WillyBot™ 3D printer version no. 3！We've worked hard to develop the WillyBot 3D printer and hope to build on our efforts by continuing to improve and develop 3D printers. We feel that listening to and working with the maker community is an essential part of our R&D process so we're releasing the plans for the WillyBot and its patent pending technology under a noncommercial hardware license.

We've chosen this license because we believe it creates an environment where you can build and improve on our designs on your own, share those improvements, and we can partner with you to build better products in a cost effective manner while avoiding having the rug pulled from under us by individuals or companies that might try to unfairly profit from our development efforts.

In order to support open and friendly development, please do the following in accordance with the included licenses:

• Document and share any improvements you make to the WillyBot 3D Printer.

(please email improvements to accounts email jshkoret@naver.com)

• Refrain from producing or selling more than one WillyBot 3D printers or printer kits per year.

• Whenever you share your improvements, pass along all documents you received from other developers.

WillyBot™ are trademarks of Wiliam SH Joo. The WillyBot 3D printer is a patent pending device. Documentation provided under license may be used only according to the terms of the accompanying license. This is for illustrative

> purposes only and shall not be used to limit the terms of the accompanying license.

현재 윌리봇을 무단으로 사용하는 경우가 많은데, 추후 법적인 문제로 이어질 수 있다. 왜냐하면 이 라이선스는 일반적으로 적용되는 오픈 소스 라이선스 규정을 따르지 않기 때문이다. 오픈 소스 라이선스 규정은 오픈 소스를 사용했다는 것을 밝히고, 제품의 이름에 원 기계의 이름을 밝히면 된다. 제품명에 'I3'를 표기하면 된다. 그것이 외국의 라이선스 규정이기 때문이다.

이 라이선스는 필자가 정의한 것으로, 1대 이상의 제품을 상업적으로 이용할 수 없다. 만약 상업적으로 3D 프린터를 사용한다면 기계명이 꼭 명시되어야 한다. 비상업적인 목적에 따라 제작하는 것에는 제재가 없다.

## 윌리봇 사양과 부품

이제 윌리봇에 대한 사양을 알아보자. 윌리봇의 세부 사양은 다음 표와 같다.

[표 4-2] 윌리봇 사양

| 항목 | 사양 | 비고 |
| --- | --- | --- |
| 크기 | 400×400×40mm | - |
| 가공면적 | 200×200×200mm | 펌웨어 변경 시 확장가능<br>: 220×200×230mm |
| 컨트롤러 | 아두이노 MEGA 2560+RAMPs 1.4(5축 모터 제어) | - |
| 펌웨어 | 마를린 1.X | - |
| 인터페이스 | USB | LCD/Micro SD는 옵션 |

| 항목 | 사양 | 비고 |
|---|---|---|
| 익스트루더 | 보우덴 방식 1.75 필라멘트용 0.4mm 노즐 1개 | 옵션으로 2개 지원 가능 |
| 구동방식 | X축 : LM 가이드 + 벨트 구동<br>Y축 : 샤프트 리니어 + 벨트 구동<br>Z축 : 샤프트 리니어 + TM 스크류 구동 | – |
| 베드히터 | 12V 120W | – |
| 전원 | 600W PC용 파워서플라이 | – |

아래 표는 제작 시에 필요한 부품을 기술한 부품표(BOM)다. 외국의 경우 키트 판매처를 통해 구매하면 되지만, 국내에서는 공구상가를 방문하여 구입해서 만들어야 한다. 오브젝트빌드에서 키트 형태로도 판매하니, 이 키트를 구입해도 좋다.

[표 4-3] 윌리봇 부품표

| 부품 | 수량 | 부품 | 수량 |
|---|---|---|---|
| 노즐 0.4mm + Peek | 1 | 볼트5파이 | n |
| 익스트루더 기어 | 1 | 3파이 와셔 | n |
| Z&X-axis carriage | 1 | 3파이 프렌지너트 | n |
| 히트카트리지 | 1 | 5파이 와셔 | n |
| 유리판 | 1 | 너트 3파이 | n |
| 핫베드 알루미늄 | 1 | 너트 5파이 | n |
| 히트블럭 | 1 | 쿨엔드용 스프링 | 2 |
| 고무받침대 | 4 | Z엔드스탑용 스프링 | 1 |
| 테프론 테이프 | 1 | 핫베드용 스프링 | 4 |
| 서류클립 | 4 | 테프론 튜브 | 1 |
| 필라멘트 | 1 | Fitting 7호 | 1 |
| 모터 | 4 | Fitting 5호 | 1 |
| 10T TM스크류 330mm | 1 | 엔드스탑 스위치 | 3 |
| 10T 샤프트 360mm | 2 | 수축테이프 | 0 |
| 10T 샤프트 390mm | 2 | 전기테이프 | 1 |
| LM가이드 280mm | 1 | 서미스터 | 2 |
| TM너트 10파이 | 1 | 파워 | 1 |

| 부품 | 수량 | 부품 | 수량 |
|---|---|---|---|
| 볼베어링 10파이에서 26파이 | 1 | 파워케이블 | 1 |
| 볼베어링 5파이에서 14파이 | 9 | 프린터 케이블 USB | 1 |
| 볼베어링 8파이에서 22파이 | 1 | 케이블타이 | 2 |
| 볼부쉬(사각) | 2 | 아두이노+RAMPS 1.4 | 1 |
| 볼부쉬(플랜지) | 2 | 벨트풀리 | 2 |
| 샤프트 홀더 10파이 | 4 | 철브라켓 20용 평(ㄴ) | 16 |
| 커플링 | 1 | AL BRACKET 2025 | 8 |
| 2GT벨트 4mm 900mm | 1 | 알루미늄 프로파일(20×20) | 6 |
| 2GT벨트 6mm 1300mm | 1 | 알루미늄 프로파일(20×20) | 8 |
| MXL 벨트 3mm 1300mm | 1 | 케이스 MDF | 1 |
| 볼트3파이 | n | FAN | 1 |

## 윌리봇 구성품과 친해지기

윌리봇 제작과정에 대해 살펴보기 전, 각 부분의 명칭을 알아보자. 명칭을 알아보는 이유는 각 부품을 조립해 프린터를 완성해야 하기 때문이다. 특히 부품의 명칭과 기능을 모르면 프린터를 잘못 조립하여 제대로 작동하지 않을 수도 있다.

다음 그림은 3D 프린터의 핵심부품인 익스트루더로, 쿨엔드와 핫엔드로 구성된다. 쿨엔드에는 필라멘트를 노즐까지 이송하는 관인 익스트루더 튜브, 필라멘트 공급 시 미끄러지지 않게 장력을 유지해주는 압력조절 볼트, 필라멘트가 기어에 밀착되도록 압력을 주는 베어링, 튜브를 안정적으로 고정시키는 피팅, 모터 회전을 통해 필라멘트 공급이 미끄러지지 않게 지탱하는 기어로 구성되어 있다.

[그림 4-5] 익스트루더

익스트루더 핫엔드는 240도까지 가열된 액체 상태의 ABS 또는 PLA를 지정된 위치에서 일정한 양만큼 분사한다. 그 구성은 히터, 블록의 온도센서인 서미스터(Thermistor), 노즐 가열용 히터, 서미스터와 히터가 결합된 히터블록, 히터블록의 이탈을 방지하는 테프론 너트로 구성되어 있다. 윌리봇의 노즐은 0.1㎜, 0.4㎜, 0.8㎜로 구성되어 있다. 윌리봇의 노즐은 이물질이 노즐에 들러 붙지 않도록 개발됐다.

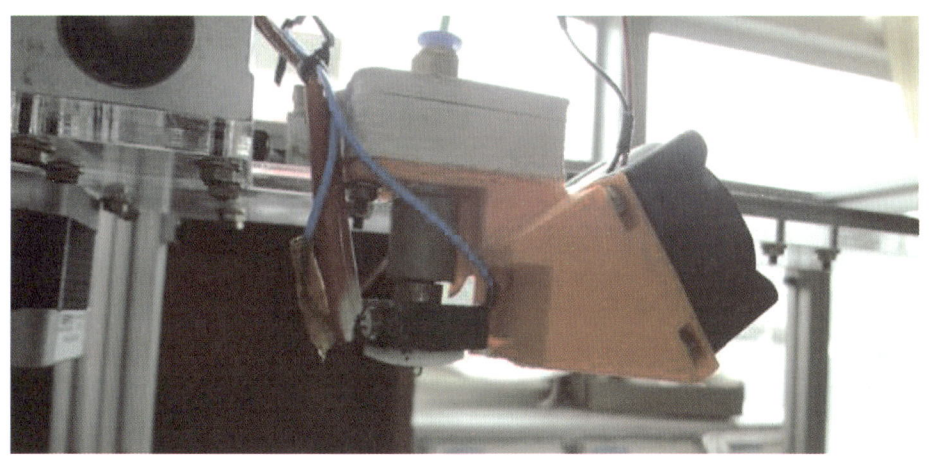

[그림 4-6] 엑스트루더-핫엔드

익스트루더에는 두 가지 방식이 있다. 윌리봇은 보우덴(Bowden) 방식을 채택했다. 엑스트루더 헤드가 동작하는 부분에 모터가 함께 있는 일체형에 비해 가볍고 관성으로 인한 영향을 덜 받아 헤드가 보다 빠르게 이동할 수 있기 때문이다. 다시 말해 감속의 영향을 덜 받아 원하는 위치에 빠르게 도착, 관성에 의해 물체가 밀리는 것을 보정하지 않아도 된다. 여기에 다양한 구경의 노즐, 특히 0.1㎜ 노즐까지 장착할 수 있어 프린팅 속도를 향상시켰다.

X축은 헤드가 장착되어 출력을 위한 핵심 구동부 역할을 한다. X축 스텝모터, X축 리미트 스위치, Y축 리미트 스위치를 살펴볼 수 있다. 여기서 중요한 것은 벨트 풀리와 벨트이다. 기존에는 MXL 벨트나 풀리보다 위치 이동성이 좋은 2GT 벨트를 사용했다. 국내에서는 일부에서만 제작되어 대부분 수입하여 사용하고 있다.

리미트 스위치(Limit Switch)는 정해진 구간 내에서 벗어나지 못하게 하는 장치로, 이것이 제대로 설치되지 않으면 잘못 동작하여 3D 프린터를 잃을 수 있으니 조립 시 주의해야 한다. 윌리봇은 정밀도를 높이고자 일반 리니어 베어링 대신 LM 가이드를 사용했다.

Y축으로 리니어 베어링을 사용한 것이 특징이다. Y축은 구성품 중 가장 긴 벨트 구동계를 가지고 있다. 그래서 초기 개발 시 기술적 문제가 발생했는데, 바로 Y축이 한 방향으로는 이동하지만 그 반대 방향으로 동일하게 이동하지 않는다는 것이다.

그래서 자동차에서 사용하는 벨트 텐셔너(Belt Tensioner) 개념을 도입하여 풀리와 벨트가 맞물리도록 조립했다. 이때 중요한 것이 벨트의 장력을 최대한 강하게 만들어 추후 발생할 수 있는 탈조와 오작동을 방지하는 것이다. 한편 수평 유지를 위해 리니어 베어링은 4개를 사용한다.

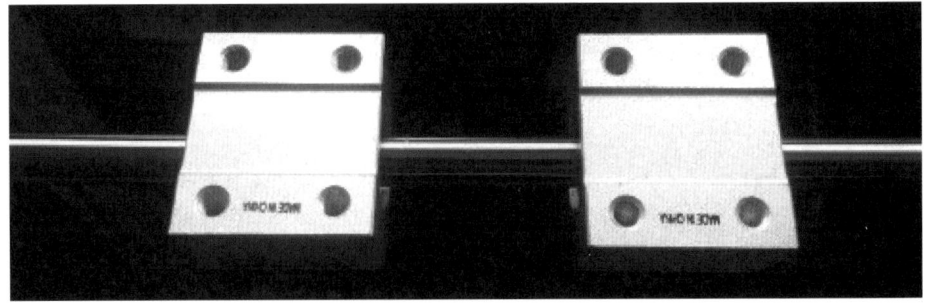

[그림 4-7] 연마봉에서 Y축을 이동하는 부품, LM CASE UNIT SC 10UU SLIDE UNIT

윌리봇의 Z축은 벨트가 아닌 스크류 방식으로, 상하로 이동하는 것이 특징이다. 출력물의 정밀도를 높이고자 멘델 프린터와 다른 TM 너트를 도입했다. 좀더 자세히 설명하면 기존 프린터의 경우 전산나사를 사용하여, 오차 발생의 원인이 되었었다. 그래서 고가인 볼스크류 대신 상대적으로 저렴한 TM 나사를 선택했다. TM 나사를 융통성 있게 활용하려면 TM 볼트와 너트 사이에는 윤활유를 반드시 주입하고, 사용 후에는 깨끗하게 닦아야 한다. 왜냐하면 부품 가공과정에서 나온 불순물을 제거할 수 있기 때문이다.

한편 Z축에서 가장 중요한 것이 커플링인데, Z축은 편축이 발생하지 않도록 고정하는 역할을 한다. 제대로 설치되지 않으면 Z축 프린팅 시 품질 저하가 발생한다. 한 번 제대로 고정하면 문제가 발생하지 않으니, 설치 시 주의해야 한다.

한편 베드의 크기는 프린팅할 수 있는 물체의 크기를 결정한다. 윌리봇의 베드는 기존 $200 \times 200 \times 200$㎜ 크기인 판매용 베드보다 더 큰 $300 \times 300 \times 300$㎜ 크기까지 출력할 수 있다. 이것은 3D 프린터의 국산화로 얻은 효과이며, 일반 기판 형식의 베드도 개발되었다. 특히 110℃까지 가열할 수 있는 히터가 내장되어, 출력물의 열 변형이나 프린트 과정에서 발생하는 탈조를 예방해 품질 향상에 도움을 준다. 또 4개의 스프링을 사용하여 수평 조절도 가능하다.

## 윌리봇 제어부 구성

윌리봇이 사용하는 보드는 아두이노와 Ramp 1.4이다. 두 보드 모두 오픈 소스이기 때문에 자료나 소스 등을 쉽게 찾을 수 있다.

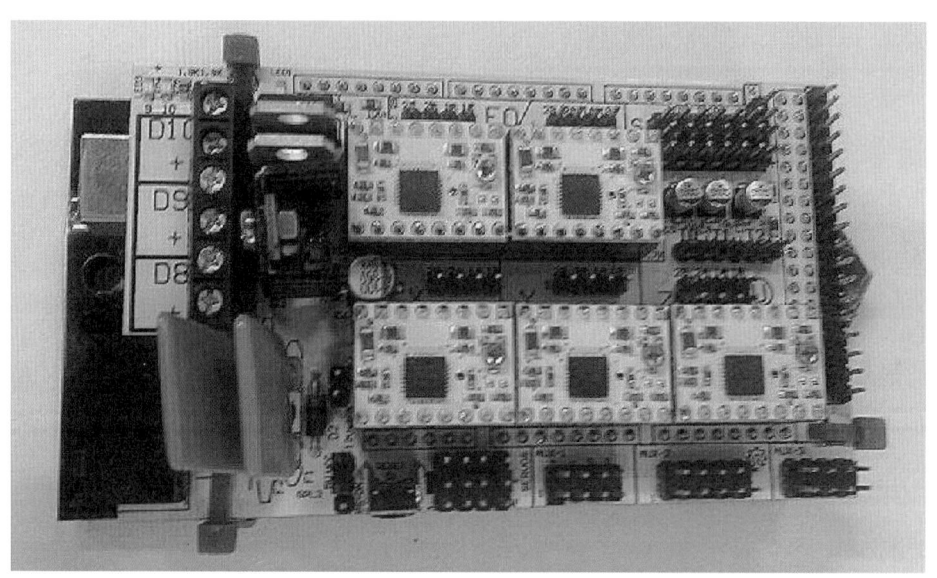

[그림 4-8] 램프 보드구성 및 명칭

윌리봇은 모터 제어부, 온도 제어부, 리미트 스위치 연결부 등이 있다. 윌리봇 익스트루더는 최대 두 개를 연결할 수 있도록 설계되었다. 보드 운영의 핵심은 냉각이다. MOSFET를 사용하는 히터 전원부와 모터 전원부에서 발열의 정도가 크므로 냉각 대책을 마련해야 한다.

다음은 보드의 상태를 알려주는 LED를 알아보자. LED는 주로 히터 온도에 대한 제어가 필요할 때 사용한다. 대부분 노즐 히터 두 개와 베드히터 한 개를 사용할 경우 쓰인다. 그 밖에 D13은 아두이노 보드를 사용해본 경험이 있다면 잘 알 수 있다. LED는 평상시에는 사용하지 않지만 보드 상태를 확인하기 위한 것이다. 참고로 G-CODE 명령어인 M42 명령어로 전원을 켜고 끌 수 있다.

제어용으로 사용하는 부품은 리미트 스위치, 온도센서 써미스터, 히터, 제어용 스텝 모터 등이 있다. 이때 이들을 연결하는 전원도 매우 중요한 요소 중 하나이다. 지금부터는 중요한 보드 결선에 대해 알아보자. 모터는 NEMA 17을 사용하지만 윌리봇은 Z축 모터를 하나만 사용한다. 다음 그림과 같이 X, Y, Z축 모터를 연결하고 익스트루더, 써미스터 센서 등을 연결하면 된다.

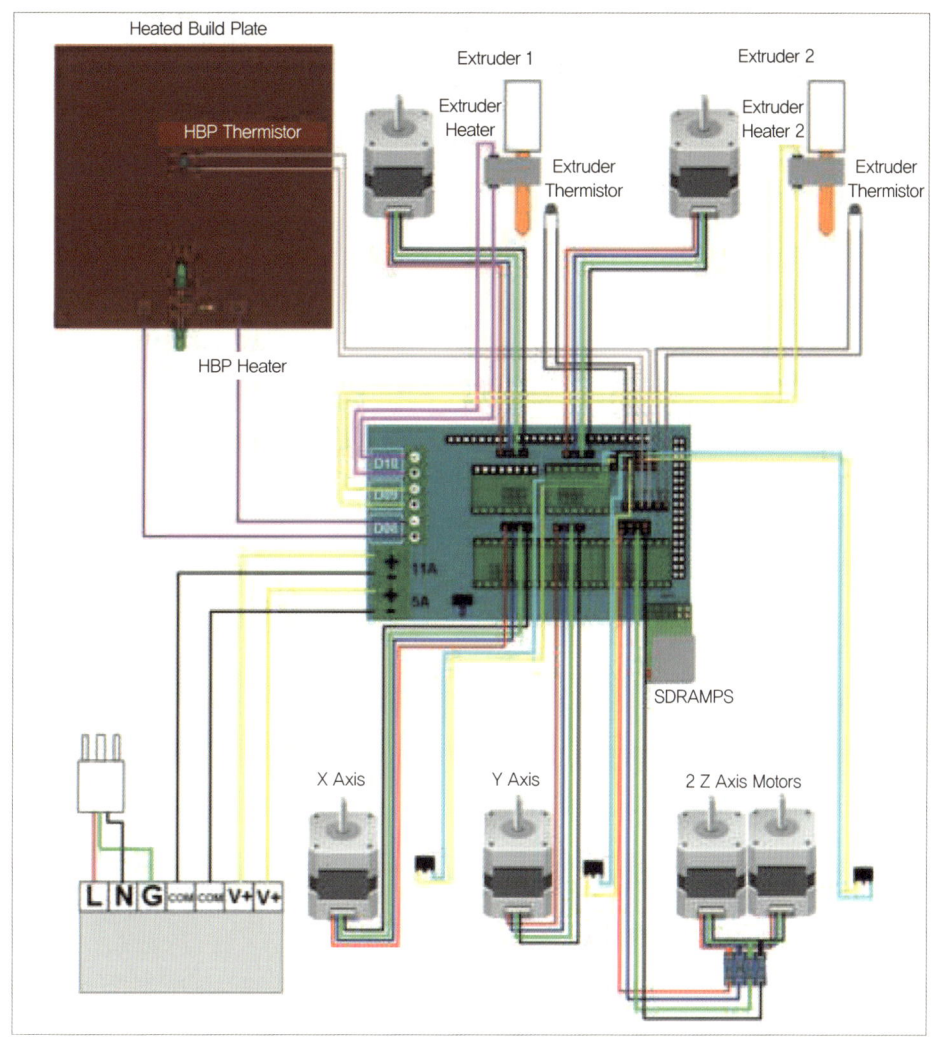

*출처 : 램프보드 매뉴얼

[그림 4-9] 보드 결선도

보드는 PC 전원을 개조해서 사용하는데, PC의 전원을 다음 그림과 같이 결선한다. 가장 좋은 것은 PC 전원보다는 일반 전원을 사용하는 것이다.

[그림 4-10] 실제 전원 결선 모습

PC와 보드의 실제 연결은 커넥터를 통해 실행한다. 커넥터에는 여러 개의 선이 연결돼 있는데, 검은색이 기준이다. 즉 커넥터의 위치 및 방향 표시는 흰 부분을 커넥터의 검은색으로 맞춘다고 생각하면 된다. 보드의 연결을 좀더 자세히 알고 싶다면, 다음 그림을 참조하자. 매뉴얼에 있는 그림이고, 회로도와 같이 제일 많이 사용된다. 배선의 기본이라고 생각하면 된다.

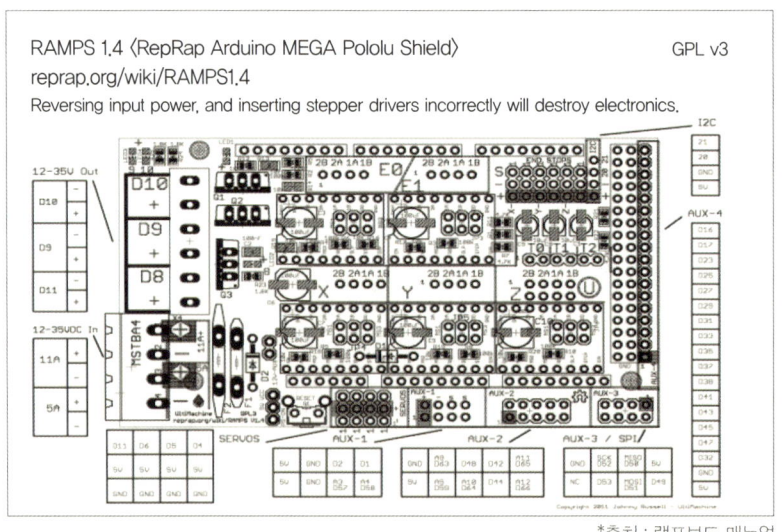

*출처 : 램프보드 매뉴얼

[그림 4-11] 램프보드의 결선도

지금까지 살펴본 그림들을 참고하여 스위치, 센서, 히터, 모터를 연결하면 된다. 이 과정은 직접 선을 연결하고 납땜해야 한다. 결코 쉬운 과정이 아니지만 직접 해보는 것이 좋다.

## Chapter 03
## 윌리봇 하드웨어 제작 완료와 튜닝

초보자가 프린터를 제작하는 것은 상당히 어려운 일이다. 기계나 제어뿐만 아니라 펌웨어, 소프트웨어, 3D 모델링 등을 알고 있어야 한다. 또 프린터의 본체를 조립하기 위해 6각 렌치, 나사 등의 공구에 대해서도 잘 알고 있어야 한다. 그런데 대부분의 책에서는 프린터의 조립에 대해서는 언급하지 않는다. 그러나 3D 프린터를 제작할 때는 부품과 공구에 대한 기본적인 지식이 있어야 한다. 초보자에게는 부품 용어가 어려울 뿐만 아니라, 무엇이 어떻게 필요한지 부품 상점에서 직접 이야기하여 구매해야 하기 때문이다.

다음 그림은 모터와 전산 나사봉을 연결한 것이다. 모터는 미국에서는 NEMA라 한다. 한국에서는 일본의 규격에 따라 46각 모터라고 한다. 동력을 전달하는 부품을 전산나사, TM 나사라고도 하는데, 모두 기계적으로 연결하여 동작하는 것이 동일하다. 이때 두 부품을 연결하는 부품을 커플링이라고 한다. 플라스틱 커플링은 자주 빠질 수 있으니 피하는 것이 좋다.

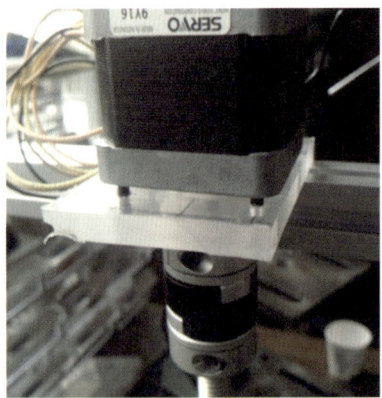

[그림 4-12] Z축 NEMA 17 모터와 5-10 커플링 10mm 전산나사봉의 연결 예

다음의 그림처럼 유니폴라 스텝모터는 모터를 제어하는 배선이 6개이다. 배선 방식에 따라 유니폴라와 바이폴라가 있는데, 주로 바이폴라를 사용한다. 바이폴라는 4개선이다. 필자가 윌리봇을 개발할 당시에는 우리나라에서 바이폴라 모터를 구할 수 없어서 유니폴라의 모터 배선 2개를 사용하지 않았다. 현재는 3D 프린터 업체인 오브젝트빌드나 인터넷 쇼핑몰, 모터 마트 등에서 쉽게 구할 수 있다.

[그림 4-13] 유니폴라 스텝모터의 배선 예
바이폴라 모터 드라이버에 연결 예

[그림 4-14] 선이 4개인 NEMA 23 바이폴라 모터

[그림 4-15] 고출력 모터인 NEMA 23 모터의 전면부

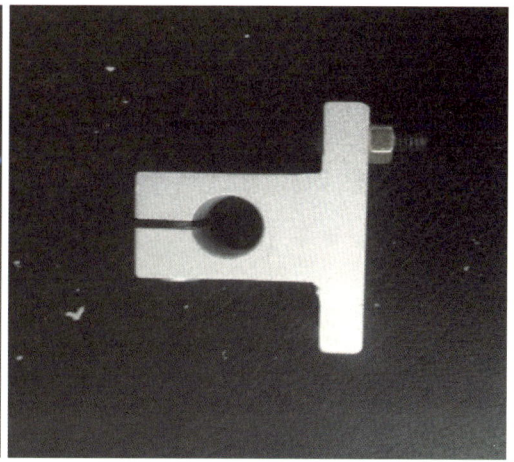

[그림 4-16] 부품 연마봉 지지대

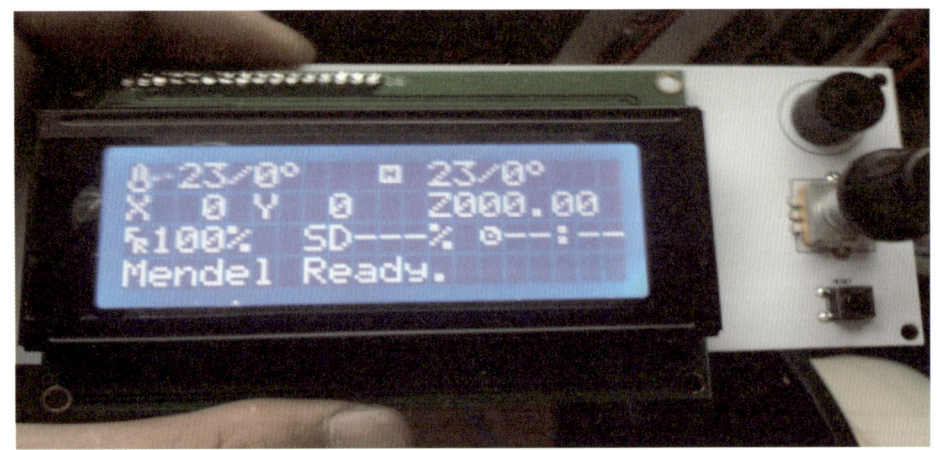

[그림 4-17] 상태를 보여주는 LCD

위 그림은 조립에 필요한 부품 중 하나인 LCD이다. LCD는부품의 작동 상태를 화면을 통해 보여주며 모든 부품은 LCD 화면을 통해 점검한다. 전자 부품 LCD, 가공 부품 아크릴판 등 여러 가지 부품이 있다.

[그림 4-18] 윌리봇을 조립한 모습

지금까지 조립을 위한 부품, 조립 공구 등을 알아보았다. 윌리봇뿐만 아니라 모든 프린터의 사용은 쉽지만, 조립은 쉽지 않다. 게다가 렙랩 프린터와 같이 단순 조립 프린터에 비해 국내에서 최초로 시도된 박스형 모델은 조립이 쉽지 않다. 오브젝트빌드의 조립 교육을 받는 것도 하나의 방법이다.

## 램프(RAMP 1.4) 보드의 냉각팬

제어용 보드인 램프의 히트베드는 120W이다. 히트베드는 구동 모터 제어 부분에 전류를 공급해야 하기 때문에 열이 많이 발생한다. 따라서 냉각팬이 필수적이다. 3D 프린터의 제어보드는 반드시 냉각팬으로 냉각해야 한다. 만약 냉각하지 않으면 스텝모터의 드라이버 칩이나 PTC 퓨즈가 손상된다. 우선 팬마운트 파일을 프린터로 출력한 다음, 기본적으로 제공하는 팬을 장착하면 된다.

## 노즐 냉각팬 장착

노즐 쿨링팬을 장착하면 노즐에서 나온 플라스틱이 냉각되어 프린팅의 품질이 향상된다. 이때 노즐 쿨링팬은 모듈을 따로 만들어 장착해야 한다. 외부 전원 선에서 직접 연결하는 것이 특징이다.

보드 결선은 매우 어렵다. 아래는 보드 결선에 대한 방법이다. 엔지니어가 아니라면 주변의 도움을 받아 완성하거나, 키트 조립 수업에 참여하여 진행하는 것이 좋다. 노즐 쿨링팬을 결선할 때는 보드의 D4 신호선 사용한다. LED가 위쪽을 향하도록 팬콘트롤 모듈을 설치한다.

## 프린터 유지보수 및 사용 준비

지금까지 기계적인 조립 과정을 마치고 제어부분 보드와 결선 부분을 알아보았다. 조립을 마친 다음 튜닝과 유지보수를 해야 한다. 프린터를 처음 조립하면 조립상의 오류가 생길 수 있다. 지금부터 프린터 조립 시 생길 수 있는 문제를 하나씩 해결해 보자.

윌리봇의 조립은 비교적 쉬운 편이다. 특히 프린팅은 더욱 더 쉽다. 이처럼 사용이 편리한 프린터의 간단한 인터페이스를 만들기 위해 많은 노력을 했다. 이것은 메이커봇이나 얼티메이커와 같은 사용 편의성을 동일하거나 비슷한 유저 인터페이스를 가지기 위함이다. 윌리봇은 완제품도 판매하기 때문에 일반 사용자도 조립 없이 출력할 수 있다.

주의사항을 알아보면 발열 부위(노즐히터, 베드히터, 스텝모터, 보드 방열판)에서는 고온이 발생하기 때문에 반드시 전원을 끄고 냉각한 다음 작업한다. 프린터의 각부에는 DC 12V가 흐르고 있다. 감전 위험은 없으나 10A 이상의 전류가 흐르므로 합선 발생시 화재가 발생할 수 있으니 주의해야 한다.

노즐이 가열된 상태로 출력 없이 계속 유지하면 노즐 내부의 수지가 경화되어 막힌다. 그러니 3D 프린터를 사용하지 않을 때는 히터나 전원을 종료해야 한다. 필요한 공구는 6각 렌치 세트와 소형 십(+)자 드라이버이다.

## 프린터 영점 조정

프린터의 영점 조정은 가장 중요한 작업이다. 프린터의 영점을 조정하지 않으면 프린터를 아무리 잘 조립해도 출력물의 완성도가 떨어진다. 프린터의 영점을 조정할 때는 충분한 시간을 두고 진행해야 한다. 한 번 영점을 조정하면 여러 번 반복할 필요가 없으니, 처음에 영점을 조정할 때 주의하자.

프린터의 영점을 조정할 때는 실제 사용시를 기준으로 베드 온도를 조정해야 한다. 즉 베드 온도가 가열된 후에 조정을 해야 하는 것이다. 사용 전에 영점을 조정하면 열팽창으로 인해 제대로 조정이 되지 않으니 유의한다.

## 베드 영점 조정

베드에 부착된 높이 조절 볼트를 돌려서 베드의 영점을 조정한다. 시계 방향으로 돌리면 베드가 올라가고, 시계 반대 방향으로 돌리면 베드가 내려간다. 베드의 영점을 조정할 때는 베드와 노즐이 접촉되는지 확인한다. 이때의 간격은 명함 한 장 정도의 간격이면 충분하다. 미세한 차이이기 때문에 조정하기 힘들 수 있지만, 여러 번 조정하는 경험을 통해 이 간격을 유지하는 것이 좋다. 간격 조절이 어렵거나 매번 다른 간격을 만든다면 Z축 리미트 스위치의 작동 불량이나 접촉 불량을 의심해야 한다.

## 베드 수평 조정

프린터 헤드를 베드의 네 모서리로 이동하고 각 위치의 볼트로 노즐과 간격을 조절한다. 각 모서리 별로 4회 실시한다. 실제 사용 환경 즉, 프린팅하는 온도에서 조정하는 것이 중요하다. 금속의 열팽창으로 인해 반드시 실사용 온도로 노즐과 베드를 가열하고 신속히 진행한다. 베드의 실제 수평을 맞추는 것 보다는 노즐과 베드의 간격이 일정해지도록 하는 작업이다. 이 작업은 필수적이다.

베드의 수평을 조정하는 것은 매우 중요하다. 베드의 수평 여부가 프린팅의 품질을 좌우한다. 가장 신경써야 할 것은 노즐과 베드의 간격이다. 각 모서리와 베드 위치의 간격이 일정해야 한다. 긴 시간이 걸리더라도 꼭 맞추어야 프린터를 사용할 때 간편해진다.

## 작동 이상음과 전기적 소음

프린터는 작동할 때 소음이 발생하는데, 좋은 전원장치를 사용하면 비교적 조용하게 사용할 수 있다. 만약 프린터에서 기계적인 마찰음이 들린다면 반드시 점검해야 한다. 벨트의 풀림 등을 점검해야 한다.

[표 4-4] 프린터에 반응이 없는 경우

| 증상 | 상태 | 원인 | 해결 방법 | 비고 |
| --- | --- | --- | --- | --- |
| COM 포트 인식 안됨 / 연결 안됨 | CPU 보드에 LED 들어옴 | 드라이버 미설치 (*90%) | 드라이버 인스톨 혹은 재설치 | |
| | CPU 보드 무반응 | 보드불량 또는 손상 (*10%) | 교체(A/S 요청) | |
| USB 연결이 정상적이지만 프린터가 반응 없음 | 보드 냉각 팬이 돌지 않음 | 전원이 연결되지 않았거나 전원이 켜지지 않음(*80%) | 파워를 제대로 연결하고 전원 켬 | 모든 것이 정상일 경우 전원 불량(A/S 요청) |
| | 보드 냉각 팬이 돌고 있음 | Software 설정 확인 (*20%) | 속도 및 해당 포트 번호 확인 | |
| 모든 것이 정상이지만 출력되지 않음 | 소프트웨어에서 출력 중이나 무반응 | 히터/베드가 설정 온도까지 도달하지 못했음(*100%) | 설정온도에 도달하기까지 기다리거나 베드 온도 설정을 0℃로 설정 후 출력 | 0℃ ABS 적용온도까지 가열되려면 시간이 걸리므로 출력 전 예열 필요 |

위 표는 많은 사용자들이 겪은 오류 사항에 대한 해결 방법을 정리한 것이다. 문제가 발생했을 때 위 표를 참고하면 대부분의 문제를 해결할 수 있다.

프린터가 작동하지 않는 경우는 대부분 사용자가 소프트웨어나 하드웨어에 연결하지 않았을 때 발생한다. 이때는 전원을 연결하거나 소프트웨어, 하드웨어에 연결하는 것으로 문제를 해결할 수 있다.

필라멘트가 공급되지 않는다면 프린터의 잉크 공급 문제일 수 있다. 고체를 기체나 액체로 바꾸었다가 다시 고체로 변하는 과정이라 이 과정에서 많은 문제가 발생한다. 이것은 모든 프린터가 가진 문제점인데, 다음 표를 통해 해결방법을 알 수 있다. 다음 문제들은 최고급 산업용 프린터에도 적용할 수 있으니 꼭 알아두길 바란다. 다음 표는 필라멘트가 노즐에서 나오지 않아서 출력물에 문제가 생길 때의 해결책이다.

[표 4-5] 필라멘트 공급 불량 원인과 해결방법

| 증상 | 상태 | 원인 | 해결 방법 | 비고 |
|---|---|---|---|---|
| 노즐에서 필라멘트가 나오지 않음 | 익스트루더 모터가 회전하나 필라멘트가 공급 안됨 | 익스트루더 조립 및 장력 불량(*70%) | 아이들러 장력 조정 볼트 조정 | 과도하게 조절하면 아이들러가 파손되니 주의(파손시 부품 요청) |
| | 기어가 필라멘트를 깎거나 끊어뜨림 | 노즐 막힘 또는 보우덴 튜브 이상 (*20%) | 노즐 막힘 점검, 장력 조절 | |
| | 익스트루더 모터가 돌아가지 않음 | Software 설정 부적절(*10%) | Software 설정 점검 | 필요시 모터 전류 조정 |
| 출력물에 물결무늬, 과도한 찌꺼기 발생(필라멘트 압출량 불균일) | 모터는 돌고 있으나 아이들 베어링이 간헐적으로 회전 | 아이들러 장력 부족으로 필라멘트를 연속적으로 밀어주지 못함(*80%) | 장력 조절 및 기어 위치 확인 | |
| | 기어에서 툭 풀리는 소리와 함께 필라멘트가 정지하거나 뒤로 밀림 | 모터 전류 부족(*10%) | 적절한 전류로 조절 | |
| | | 이물질로 인해 노즐 좁아짐(*10%) | 제작소에 점검의뢰 또는 기타줄(0.3mm)로 노즐 청소 | |
| | 소프트웨어 설정 미숙 | CURA 환경설정 (ESTEP) 부적절, 리트렉션 (Retraction) 비활성화, 슬라이스 설정 미숙 등 | 소프트웨어 설정 값 변경 | |

[표 4-6] 출력물 완성도 불량 원인과 해결 방법

| 증상 | 원인 | 해결 방법 |
|---|---|---|
| 가로줄(벌어짐)발생 | 큰(50×50mm 이상) 출력물일 경우 열 수축 발생(*50%) | 에어컨, 선풍기 등의 바람 차단, 챔버 사용 |
| | 간헐적 필라멘트 공급불량(*20%) | *앞장의 필라멘트 공급불량 참고 |
| | 절전모드 진입(*10%) | PC 항상 켜기로 전환 |
| | 베드 수평불량(*4%) | 베드의 모든 영역에서 노즐과 일정한 간격이 나오도록 영점 조절 |
| | Z축 윤활유 부족(*1%) | Z축 스크류 청소 및 윤활유 도포 |
| 물결무늬, 과도한 찌꺼기 발생 | 필라멘트 공급 불량 또는 노즐 이상(*100%) | *앞장의 필라멘트 공급 불량 참고 |

위 표는 출력 시 제대로 출력되지 않거나 결과물에 가로줄이 발생할 때도 응용할 수 있다. 또 출력된 오브젝트의 사이가 벌어지거나 물결 무늬, 과도한 찌꺼기가 발생할 때도 적용할 수 있다. 위 표는 필자의 오랜 경험을 바탕으로 정리한 것이므로 초보자라면 꼭 알아두는 것이 좋다. 표에서 설명한 해결책 중 가장 많이 사용하는 방법은 금속으로 된 낚시줄이나 기타줄을 이용해서 노즐의 막힌 부분을 청소하는 것이다.

필라멘트에 자주 발생하는 두 번째 문제는 필라멘트를 밀어주는 기어가 헛돌거나, 간헐적으로 도는 경우이다. 이때는 출력이 가지런하지 않고, 굵기가 제각각으로 출력될 수 있는데 기어를 조여서 해결해야 한다.

필라멘트가 제대로 공급이 되지 않을 때 출력물의 형상을 보면 정상 출력과 이상 출력의 예를 알 수 있다.

이상 출력의 경우 필라멘트의 압출이 제대로 되지 않아 흘림(Ooze) 및 물결무늬 빈 공간이 발생하는데, 크게 두 가지 원인이 있다. 첫 번째는 쿨엔드의 필라멘트 이송 불량이다. 이상 출력 문제의 80% 이상을 차지한다. 이는 위치 이탈, 회전 불량, 모터 토크 부족이 있을 수 있다.

두 번째는 노즐이 막힌 경우이다. 문제 발생의 약 20%를 차지하며 쿨엔드 모터에서 탈조가 발생하는 경우이다.

[표 4-7] 필라멘트 공급에 문제가 생기는 경우

| 불량 현상 | 원인 |
| --- | --- |
| 압력조절볼트의 장력 조절 불량 | 필라멘트가 간헐적으로 공급되지 않는 현상의 대부분의 원인 |
| 아이들러와 베어링의 결합 | 아이들러와 베어링의 결합 문제로 베어링이 끼거나 비뚤어진 경우 회전 불량 발생 |
| 피팅 | 피팅 위치와 필라멘트가 일직선이 되지 않거나 헐거워지는 경우, 필라멘트가 과도하게 휘어 공급 불량 |
| 모터의 토크 부족 | 전력 또는 노즐의 막힘 등으로 필라멘트 공급 압력보다 모터의 토크가 부족할 때 모터가 돌지 않거나 탈조 발생 |

경험자가 아니라면 A/S를 의뢰하는 것이 가장 좋다. 완제품을 구매한 경우 기초 작동 테스트를 완료한 다음 출고하기 때문에 문제가 발생하지 않지만, 사용자가 직접 3D 프린터를 조립했을 때는 노즐이 자주 막힐 수 있다. 필자의 경험에 의하면 밤새도록 ABS 필라멘트를 사용한 경우, 아세톤 용액을 넣어 필라멘트를 녹이거나 낚시줄이나 기타줄을 이용해 먹힌 노즐을 뚫는 방법이 있다.

이외에도 서미스터 부품 자체의 가격이 저렴하기 때문에 불량이 발생하는 경우가 있다. 제작 초기에는 국내에서 제작되는 제품이 200℃에서 오동작하는 경우가 많았다. 제어 프로그램에서는 항상 온도를 체크하고 그래프로 상태를 표시하는데, 이것을 보면 불량 여부를 확인할 수 있다. 서미스터에 문제가 생기는 이유는 대부분 접촉 불량이 원인이다. 그래서 프린터를 조립할 때 주의하며 조립하고, 과한 힘을 가해서 고장 나지 않도록 주의한다.

개인용 프린터에서 사용하는 모든 모터는 NEMA 17 스텝 모터를 사용한다. 이것을 조절할 때는 합선으로 인해 부품이 고장 나는 것을 방지하기 위해 세라믹 드라이버를 사용한다.

한 번 조정하면 다시 조정할 필요가 없으니 초기에 안정된 값을 찾는 것이 중요하다. 윌리봇 완제품은 출고 시 모든 설정이 완료되어 있으므로 따로 조정할 필요는 없다. 하지만 각 부품을 구입하여 조립하는 경우에는 초기에 설정을 해야 한다.

Chapter 04
# 윌리봇 펌웨어와 제어 소프트웨어

펌웨어와 제어 소프트웨어 설치를 끝냈으니 실제 프린팅 시 퀄리티를 높이는 방법을 알아보자. 지금까지 프린터의 기계 제작, 펌웨어 제어 소프트웨어, 프린팅, 출력 질을 높이는 방법을 알아보았다. 기계, 제어, 소프트웨어, 프린팅 등은 많은 노하우가 필요한 과정이기 때문에 초보자에게는 무척 어려운 분야일 수도 있다. 하지만 이 과정을 마치면 여러분은 대부분의 프린터를 조립하고 사용할 수 있을 것이다.

## 큐라 설치

가장 먼저 큐라(Cura) 프로그램을 설치하는 이유는 큐라가 프린팅 제어 소프트웨어이기 때문이다. 큐라와 비슷한 소프트웨어는 리플리케이터G이다. 리플리케이터G는 메이커봇에서 많이 쓰이며, 큐라는 얼티메이커와 윌리봇에서 사용한다. 큐라와 리플리케이터는 프린터 제어 프로그램과 STL 변환 소프트웨어의 결합이라고 볼 수 있다. 프린터 제어를 위한 단일 소프트웨어는 프린트런(Printrun), 렙타이어(Reptier) 등이 있다. STL 변환을 위한 단일 소프트웨어는 슬라이스쓰리알(Slice3r), 키슬라이서(Kislicer) 등이 있다.

윌리봇 완제품은 출력물의 질을 높이기 위해 상업용 프로그램인 키슬라이서를 사용한다.

어떤 프로그램을 사용해도 문제는 없지만 사용하기에 가장 편리한 프로그램은 큐라이다. 그래서 초보자에게 가장 많이 권한다. 큐라 소프트웨어의 다운로드는 카페에서 다운로드 받거나 인터넷에서 직접 다운로드하는 방법이 있다. 현재 큐라는 윌리봇 개발팀에서 국내 최초로 한글화했으니 윌리봇 커뮤니티에서 소스를 다운로드하는 것이 좋다.

설정 마법사가 완료되면 첫 실행에 맞춰 프린팅 변수를 설정한다. 프린터는 여러 가지 변수에 따라 프린팅 방법을 정할 수 있으므로 많이 알수록 도움된다. 윌리봇 전문가들이 설정한 변수값을 선택하면 큰 문제없이 우수한 품질로 프린팅할 수 있다.

프린터를 설정할 때는 익스트루더의 분출되는 양을 조정하는 스텝 수를 정해야 한다. 기타, 필라멘트의 가격, 면적당 무게 등을 설정한다. 마지막에 저장한 것이 디스크에 저장되어 프린팅시 자동으로 환경을 설정한다. 64비트 윈도우와 32비트 윈도우에 따라 한글화한다. 설치 시 기본 설정을 완료했다면 그 다음에는 사용 환경에 맞춰 또 설정해야 한다. 이 과정은 실제 프린팅 경험이 6개월 이상되면 그 뜻을 알게 된다. 프린팅 경험이 없는 초보자라면 전문가가 사용하는 설치 파일을 다운받아서 사용하는 것이 가장 좋다.

그 다음에 할 일은 큐라의 설정이다. 큐라를 설정할 때는 알아야 할 것이 많다. 레이어 두께, 속도, 서포트, 필라멘트 설정 등이다. 필라멘트는 1.75㎜를 사용한다. 기본적으로는 3㎜를 사용하지만 국내에서는 1.75㎜를 사용한다. 이밖에도 노즐 크기, 리트랙션의 설정이 필요하다. 리트랙션은 익스트루더로 밀었다가 다시 당기는 기능으로, 원거리에서 필라멘트를 미는 보우덴 방식에서는 반드시 필요하다.

그 다음에 중요한 것은 모델링 내부를 어떻게 채울 것인지 결정하는 것이다. 모델링 내부는 벌집 형태, 라인 등을 원하는 대로 정할 수 있다. 기본으로 설정하면 내부를 채우는 형태로 설정된다. 3D 프린팅 시 내부를 100%를 채우는 경우는 적지만, 출력물의 내구성과 강도를 위해 사용자마다 설정 값이 다르니 참고한다. 그 다음에는 래프트, 바닥 레이어, 브릿지 용어 등을 숙지해야 한다. 프린팅 시 프린팅 관련 전문용어가 많이 등장하므로 프린터 사용자라면 미리 용어에 대해 숙지할 필요가 있다.

## 모델링 소프트웨어 별 STL 파일 저장

3D 모델링 소프트웨어에서 3D 프린터용 STL 파일로 변환하는 과정이 필요하다. 프린터에 들어가기 전에 슬라이싱 과정을 거쳐야 하는데, 슬라이싱 소프트웨어의 표준 파일이 STL 파일이다. 본인이 프린팅할 파일을 모델링 소프트웨어에서 만들어야 프린팅이 가능하다. 주로 라이노, 3D studio max, 오토캐드123, 솔리드웍스 등을 많이 사용한다.

## 펌웨어 업데이트 방법

지금부터 펌웨어의 사용법과 실제 수정 방법에 대해 알아본다. 초보자라면 펌웨어를 업그레이드하거나 설정을 바꾸는 일은 드물다. 프린터 설정 초기에 기계적으로 따라하면 업데이트가 된다. 아두이노 프로그램 환경을 다운로드받고 펌웨어는 윌리봇 커뮤니티에서 다운로드받는다. 설치한 아두이노를 실행한 다음 'Marlin.ino'를 더블 클릭하여 실행한다. 보드가 아두이노 메가 2560을 선택하는데, 제대로 선택되지 않으면 오류가 생길 수 있으니 주의한다. 그 다음 아두이노 보드, 즉 램프보드가 위치한 포트를 찾아 연결한다. 수정한 것을 보드로 내려 보내서 아두이노에서 실행해야 한다. 실행되지 않을 때는 프린트런, 큐라 등이 USB를 사용하고 있는지를 점검한 다음 실행한다. 업데이트가 끝나면 펌웨어의 스테핑 모터의 스텝을 설정해 본다. 이 과정에서 오류가 없어야 원하는 크기의 출력물을 얻을 수 있다.

펌웨어에서 가장 중요한 것이 프린터 모터의 진행 방향과 벨트 풀리와 벨트, 그리고 익스트루더 기어의 비율에 따른 설정이다. 이 글은 프린터를 새로 개발하거나 개발할 사용자라면 반드시 이해해야 한다.

지금까지 펌웨어, 제어 소프트웨어, 기본 프로그램, 펌웨어 변경 업로드 등에 대해 알아보며 프린터가 안정적으로 설치되었는지 점검하고 환경을 설정했다. 프린터의 설치가 모두 완료되었으니 다음 장부터 실제 출력 과정을 살펴보자.

Chapter 05
## 윌리봇으로 실제 프린팅하기

지금부터는 프린팅하는 과정을 알아보자. 3D 프린팅에 대한 노하우와 완성도 높은 출력물을 만드는 방법을 설명한다. 출력할 STL 파일을 얻는 첫 번째 방법은 3D 모델링 프로그램을 통해 파일을 작성하는 것이다. 또 하나는 씽기버스 홈페이지(www.thingiverse.com)에서 모델링 파일을 다운로드받는 것이다.

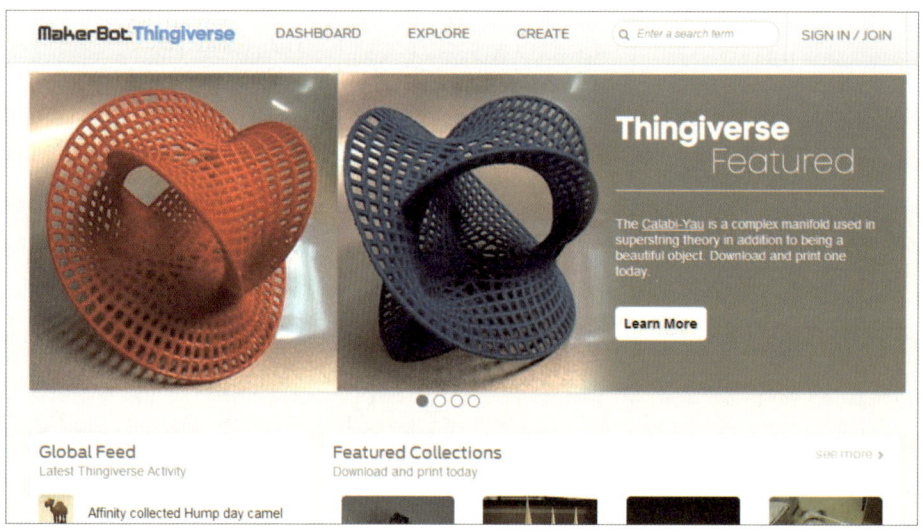

[그림 4-19] 씽기버스 홈페이지

## 출력 절차

먼저 3D 모델링 프로그램에서 STL 파일을 만들어야 한다. 단 정상적인 출력을 위해 모델링 시 모든 대상이 하나 이상의 폴리곤(Polygon)으로 구성되어야 한다. STL 파일은 G-code로 변환되어야 한다. 이때 프로그램은 큐라, 슬라이스쓰리알, 키슬라이서를 사용한다. 상용 프로그램인 키슬라이서가 출력 품질이 가장 좋다. 그 다음에는 슬라이싱한 것의 G-code를 바꿔서 프린터로 전송하는 프린트런, 랩타이어 등의 프로그램을 활용한다. 이 프로그램을 통해 PC에서 프린터로 전송하면 프린팅이 시작된다. 이 과정이 익숙하지 않다면 슬라이싱된 G-code로 만들어진 파일을 SD카드로 복사한다. 그 다음 프린터에 연결하고 LCD에서 해당 파일을 선택하여 출력하는 과정도 있다.

이제 출력 과정을 하나씩 알아보자. 우선 오토캐드로 모델링 작업한 것을 STL 파일로 변환한다. 캐드 등에서는 STL 파일 저장을 지원한다. 이밖에 다른 3D 모델링 툴(3DMax 등)도 STL 파일의 저장을 지원한다.

큐라 프로그램에서 STL 파일을 불러온다. 미러 이미지, 회전, 크기 등을 조절하여 출력물을 미리 확인한다. G-code로 변환하면 출력물 화면이 변경된다. 빨간색은 외벽, 초록색은 내벽을 의미한다. 같은 모델링이라도 환경설정에 따라 전혀 다른 패스가 생기고 형상과 품질도 달라진다.

- 3D 프린터 출력물은 화면에 나타난 그림을 질량과 부피가 존재하는 현실영역으로 가져오는 것이므로 원하는 것을 출력하기 위해서는 프로그램에 대한 이해가 반드시 필요하다. 실제 생성된 파일은 G-code로 변환되어 표시된다.

G-code는 다양한 출력장비(플로터부터 CNC까지)에서 표준화되어 이용되고 있다. 과거에는 사람이 직접 작성하는 경우도 있었으나 현재는 CAD/CAM 소프트웨어를 통해 만들어진다. G-code를 알아두면 프린터의 작동을 이해하는데 도움이 된다.

G-code를 프린터로 전송하면 프린터의 제어보드인 아두이노의 구동 펌웨어 소프트웨어가 이 데이터로 출력을 시작한다. 생성된 G-code는 USB를 통해 아두이노 보드로 시리얼 전송되며, MEGA 2560과 RAMP 1.4 보드에 의해 스테핑모터와 히터 등의 전기적 제어 신호로 변환되어 프린터를 구동한다.

[그림 4-20] 모든 과정을 거친 후 출력한 예

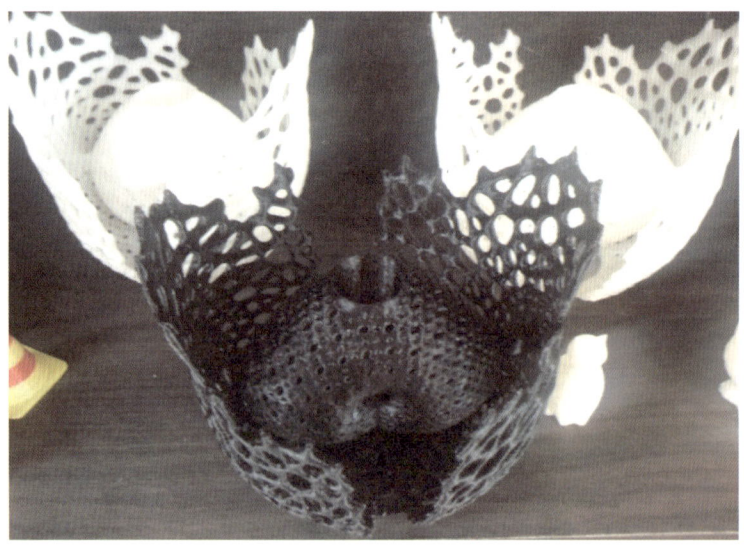

[그림 4-21] 꽃병을 출력한 예

*출처 : 한국 3D 프린터 유저 그룹 카페

[그림 4-22] 사포의 두상을 출력한 예

## 출력물의 완성도를 높이는 방법

지금부터 출력물의 완성도를 높이는 방법을 알아보자. 출력물의 완성도를 높이는 방법은 프린팅 이전과 이후로 구분할 수 있다. 프린팅 이전의 방법은 출력 속도를 늦추는 것이다. 이 방법이 가장 확실한 방법이며, 이 때 출력 속도는 30㎜/s 이하로 유지한다. 두 번째는 노즐에 쿨러를 적용하는 것이다. 노즐에 쿨러를 적용하면 브릿지의 성공률을 높이고, 출력 속도가 빨라도 출력물의 품질이 유지된다. 세 번째는 출력물의 온도를 일정하게 유지할 수 있는 챔버를 사용하는 것이다. 챔버는 프린팅 시 출력물의 주변 온도를 유지시킨다. 열수축 방지 및 표면 균일도 향상에 효과가 있다. 챔버에 넣으면 출력물의 퀄리티를 유지할 수 있다. 이때 색상이 어둡거나 투명한 계열 일수록 단점이 눈에 덜 띄고, 흰색일 경우 단점이 더 부각되므로 출력 시 참고하는 것이 좋다.

프린팅 이후 후처리 방법은 아세톤 훈증 기법(ABS에 적용)을 사용한다. 또 광택연마기를 사용하여, 표면을 고르게 가공한다. 아세톤 훈증은 날카로운 부위가 많은 출력물에는 부적합하다. 숙련이 필요해서 전문가 이외에는 하지 않는 것이 좋다. 일반인에게 가장 권하는 방법은 에나멜 페인트를 사용하는 것인데, 시중에서 구하기 어렵다면 매니큐어를 칠해도 된다.

## 초기 레이어를 밀착시키는 방법

초보자도 손쉽게 따라할 수 있는 첫 번째 방법은 자연적으로 붙이는 것이다. 베드의 온도를 100도 이상으로 올리고 노즐과 베드와의 간격을 줄여서 초기 레이어의 필라멘트가 눌려 붙도록 한다. 이 방법의 단점은 낮은 높이의 출력물은 오차가 증가할 수 있다는 점이다. 두 번째는 강제로 붙이는 방법이다. 베드를 적당한 온도로 올리고 유리판 위에 ABS가 잘 붙는 성분을 도포한다. ABS 성분의 접착 효과는 ABS과 아세톤의 비율이 10 : 1인 용액이 가장 좋다. 스프레이 형태는 사용이 간편하고 보관이 용이하다. 단 기기의 구동부가 이 용액의 액상 수지로 오염되지 않도록 주의하여야 한다. 이외에 순간접착제(록타이트) 등을 보조접착제로 이용할 수도 있다. 바닥의 표면을 평평하게 만들기 위해 하얀색 매니큐어를 칠하기도 한다.

## 시작점(Starting point)을 랜덤으로 적용

한 면씩 프린팅하는 것이 3D 프린팅의 기본이다. 한 면에서 처음으로 프린팅 하는 점을 시작점이라고 한다. 보통 한 군데로 지정이 되어 바로 확인이 가능한데, 이 시작점을 임의로 적용하면 조인트 부위가 임의의 위치로 이동한다. 이때 출력물의 표면이 거칠어진다는 단점이 있다. 슬라이싱 소프트웨어인 Slic3R을 사용하여 이 문제점을 해결하는 것이 좋다.

## 출력물의 수축 방지

출력물 형상과 필라멘트의 종류에 따라 결과가 달라질 수 있다. 플러스 오차일 경우 후가공을 할 수 있으나 마이너스 오차일 경우 후가공을 할 수 없으므로 정밀성을 요구하는 모델링 단계에서 고려해야 한다. 규모가 크거나 속이 빈 출력물에서는 수축에 의한 영향도 크므로 이 역시 고려해야 한다. 정밀한 부품을 만들거나 몰드를 만들 때는 테스트 절편을 미리 만들어 오차를 고려한 다음 모델링을 한다. 이 방법은 주물에서 많이 쓰는 방법이다. 일반적으로 데이터를 고려해서 설계를 한다.

출력물의 품질에서 중요한 요소가 바로 치수이다. 치수는 수축율이 중요하기 때문에 수축 정도를 미리 측정하는 것이 중요하다. 주로 금형을 만들거나 부품을 만들 때 치수가 중요하다.

## 아세톤 훈증

아세톤 훈증의 과정을 거치면 눈에 띄게 조도가 높아진다. 그러나 아세톤 훈증은 매우 위험하므로 전문가가 아니라면 도전하지 않는 것이 좋다. 아세톤 훈증이 꼭 필요하다면 사전에 많은 공부를 하고 전문가에게 문의한 다음 시도한다. 화재의 위험이 있으니 꼭 주변을 살피고 실시해야 한다. 요즘에는 훈증용 장치도 따로 판매하기도 한다.

이 밖에도 출력물의 형상과 규모, 사용하는 소프트웨어, 용도에 따라 다양한 세팅이 있다. 3D 프린팅에서 비용, 시간, 품질 등은 트레이드오프(Trade Off)관계이다. 모든 요구를 만족하는 세팅은 존재하지 않는다. 3D 프린팅은 현대 사회의 떠오르는 신기술 중 하나로, 만족할만한 결과물을 얻기 위해서는 많은 노력과 시간이 필요하다. 이것이 3D 프린팅이 기술인 이유이다. 이처럼 3D 프린팅에는 많은 시간과 노력을 기울이는 것이 필요하다.

Chapter 06
# SLS 방식 3D 프린터의 발전 방향

이제 우리나라도 다른 선진국처럼 3D 프린터가 아닌 프린팅도 본격 생산시대로 들어서야 하며 그 일환으로 SLS 3D 프린팅 기술을 배워야 한다. SLS 3D 프린터는 산업혁명 당시의 증기기관처럼 빙산의 일각일 뿐이다. 전세계는 3D 프린팅 기술을 기반으로 선진국으로 가는 길목에 서 있다. 3D 프린팅 기술이 발전한다면 강대국이 순식간에 내려앉고, 개발 도상국이었던 국가가 순식간에 선진국의 반열에 들 수도 있을 것이다.

FDM 방식을 사용하는 3D 프린터는 고가인 스트라타시스사의 프린터를 제외하고 생산하기 쉽지 않으며 출력물의 완성도가 떨어질 수도 있다. 이에 대한 대안은 광경화성 수지를 사용하는 것인데, 광경화성 수지를 사용할 경우 출력물이 부서지기 쉽고 강도가 약해서 실생활에서 사용하기에는 무리가 있다.

지금 독일이나 일본에서는 주물사를 이용한 거대한 공장이 속속 등장하고 있다. 우리나라도 이처럼 주물사를 활용한 공장을 육성하거나 치과나 의료용 제품을 금속으로 프린트해서 전세계 시장에 공급하는 등 3D 프린터를 이용한 항공, 우주, 의료용 부품을 생산하는 산업을 준비해야 한다. 뿐만 아니라 3D 프린팅 서비스 회사인 세이프웨이사에서도 수많은 SLS 프린터를 사용하고, 전문 프린팅 가이드라인도 보유하고 있다.

필자는 우리나라 전체 3D 프린팅 발전 전략 로드맵을 계획할 때, FDM/ME 분야의 좌장을 맡았다. 미국의 로드맵을 소개할 때 라이트 형제와 같은 일반인이 혁신을 통해 지금의 미국을 이루었다는 이야기와 Fablab 등을 확장해서 이 분들을 지원하자는 이야기를 했다. 이처럼 다양한 분야를 개발한 외국의 사례를 통해 독자적인 길을 찾는 것도 중요하다.

우리나라에 3D 프린팅 전문 공장을 유치하거나 전세계 치과용 의치를 공급하면 SLS 방식 프린터의 발전도 함께 이루어질 것이다. 이렇게 되려면 SLS 프린팅을 배워야 하며, 많은 인력이 양성되어야 한다. FDM 기초과정에 SLS 프린팅 기술을 익히면 선진국으로 도약할 수 있다. 아래 표는 3D 프린터 기종에 따른 예상 비용과 세부적인 정보를 정리한 것이다.

[표 4-8] 3D 프린터 기종에 따른 세부 정보

1. FDM

| 타입<br>(제조사) | 모델명 | 조형 크기<br>(XYZ) | 가격대 ||||비고|
|---|---|---|---|---|---|---|---|
| | | | 사용 재료 | 비용 | 재료(단위:<br>₩/Kg 당) | 유지관리비 | |
| FDM(S**) | M** | 127×127×127 | Hard resin | 1천4백만 원 | 40만 원 | 장비가의 5~10% | ABS 단독 소재 |
| | U** | 203×203×152 | Hard resin | 2천6백만 원 | 40만 원 | 장비가의 5~10% | ABS 단독 소재 |
| | D** | 203×203×305 | Hard resin | 5천만 원 | 40만 원 | 장비가의 5~10% | ABS 단독 소재 |
| | F** 250** | 254×254×305 | Hard resin | 1천만 원 | 40만 원 | 장비가의 5~10% | ABS 단독 소재 |
| | F** 360** | 355×254×254 | Soft~Hard | 1천5백만 원 | 40만 원 | 장비가의 5~10% | 일부 다양한 재료 |
| | F** 400** | 355×254×254 | Soft~Hard | 2천만 원 | 40만 원 | 장비가의 5~10% | 다양한 재료 |
| | F* 900** | 914×610×914 | Soft~Hard | 7천만 원 | 40만 원 | 장비가의 5~10% | 다양한 재료 |

## 2. MJ/PolyJet

| 타입<br>(제조사) | 모델명 | 조형 크기<br>(XYZ) | 가격대 ||| 비고 |
| | | | 사용 재료 | 비용 | 재료(단위 :<br>₩/Kg 당) | 유지관리비 | |
|---|---|---|---|---|---|---|---|
| PolyJet(S**) | O** 2* | 234×192×148 | Hard resin | 4천만 원 | 20만 원 | 장비가의 5~10% | – |
| | O** 3** | 294×192×148 | Hard resin | 7천만 원 | 20만 원 | 장비가의 5~10% | – |
| | E** 2** | 255×252×200 | Soft~Hard | 1천7백만 원 | 20~70만 원 | 장비가의 5~10% | – |
| | E** 3** | 340×340×200 | Soft~Hard | 2천2백만 원 | 20~70만 원 | 장비가의 5~10% | – |
| | E** 5** | 490×390×200 | Soft~Hard | 3천3백만 원 | 20~70만 원 | 장비가의 5~10% | 부산디자인<br>센터 |
| | C** 2** | 255×252×200 | Soft~Hard | 2천9백만 원 | 20~70만 원 | 장비가의 5~10% | 이종재료<br>동시분사 |
| | C** 3** | 342×252×200 | Soft~Hard | 3천6백만 원 | 20~70만 원 | 장비가의 5~10% | 이종재료<br>동시분사 |
| | C** 5** | 490×390×200 | Soft~Hard | 4천3백만 원 | 20~70만 원 | – | 이종재료<br>동시분사 |

## 3. SLA

| 타입<br>(제조사) | 모델명 | 조형 크기<br>(XYZ) | 가격대 ||| 비고 |
| | | | 사용 재료 | 비용 | 재료(₩/Kg) | 유지관리비 | |
|---|---|---|---|---|---|---|---|
| Project(3**) | 6** | 250×250×250 | Hard resin | 3천5백만 원 | – | – | – |
| | 7** | 380×380×250 | Hard resin | 5천만 원 | – | – | – |
| SLA(C**) | A** | 400×400×300 | Hard resin | 3천5백만 원 | – | – | 3500만 엔 |
| | E** | 610×610×500 | Hard resin | 5천6백만 원 | – | – | 5540만 엔 |

* 출처 : DRB

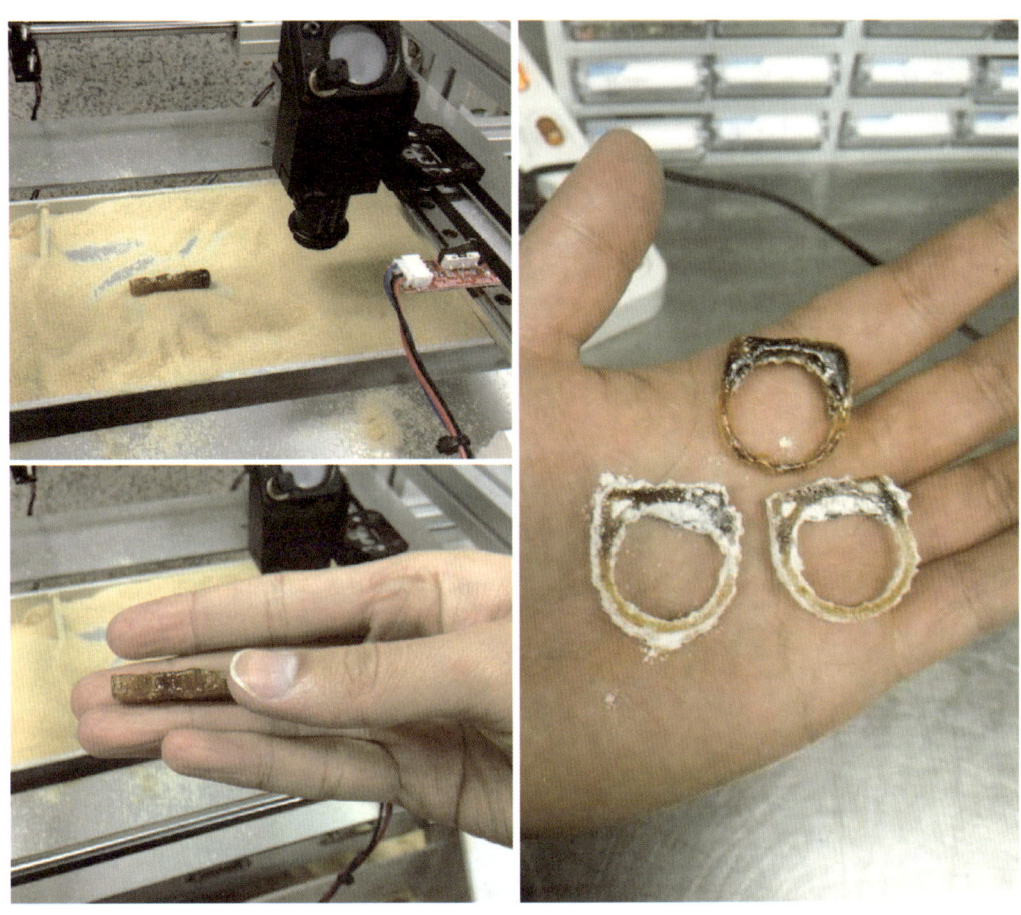

[그림 4-23] 제1기 윌리암왕선생님 카페의 SLS 3D 프린팅 과정에서
테스트한 설탕으로 반지를 출력하는 과정

# INDEX

### 🟫 ... A

| | |
|---|---|
| 2GT 벨트 풀리 | 164 |
| 3D Printed House | 111 |
| 3D Systems | 18 |
| 3D 스캐너 | 9 |
| 3D 콘크리트 프린터 | 110 |
| 3ders | 85 |
| 3DFia | 87 |
| 3DP | 28 |
| 3Dtek | 154 |
| ABS | 21 |
| Advanced Manufacturing | 76 |
| AIST | 77 |
| AM | 8 |
| AMA | 79 |
| America Makes Institutes | 77 |
| AMII | 77 |
| Arcam | 134 |
| ASTM | 9 |
| ASTM | 20 |
| ASTM | 157 |

### 🟫 ... B~D

| | |
|---|---|
| Beijing Tiertime | 18 |
| Bespoke Fairings | 135 |
| Bespoke Innovations | 135 |
| Binder Jetting | 158 |
| Blade | 25 |
| BOM | 171 |
| B-Robot | 149 |
| Building Bytes | 144 |
| CAMISHA | 132 |
| Canal House | 113 |
| Chamber Oven | 90 |
| CO2 레이저 | 70 |
| Concept Laser | 26 |
| CT 스캐닝 | 74 |
| DED | 27 |
| Design Lab Workshop | 144 |
| Directed Energy Deposition | 158 |

| | |
|---|---|
| DLP | 20 |
| DLP | 22 |
| DLP 특허 | 94 |
| DMLS | 68 |
| D-shape | 113 |

### 🟫 ... E~L

| | |
|---|---|
| EBM | 77 |
| Enrico Dini | 111 |
| EnterBot | 21 |
| Envisiontech | 18 |
| Fasotec | 106 |
| FDM | 18 |
| FDM | 20 |
| FFF | 20 |
| Food Printer | 117 |
| Foodini | 117 |
| Gartner | 12 |
| G-code | 20 |
| Hammer | 82 |
| Hello Robot | 116 |
| i.Materialise | 58 |
| Invisalign | 131 |
| IR | 71 |
| Jeremy Rifkin | 12 |
| Kamer Maker | 113 |
| Kislicer | 191 |
| LDT | 68 |
| Liberator | 82 |
| LM가이드 | 164 |

### 🟫 ... M~O

| | |
|---|---|
| Makerjuice | 98 |
| Makerjuice | 102 |
| Mass Customization | 121 |
| Material Extrusion | 158 |
| Material Jet | 29 |
| Material Jetting | 158 |
| McKinsey | 12 |
| MDF | 77 |

| | |
|---|---|
| ME | 20 |
| ME 특허 | 93 |
| MOSFET | 176 |
| MXL | 164 |
| NAMII | 76 |
| Natural Machine | 117 |
| NEMA 17 모터 | 180 |
| Objet | 18 |
| OpenReflex | 150 |
| ORNL | 77 |

### ··· P~R

| | |
|---|---|
| PBF | 159 |
| PLA | 21 |
| Polyjet | 18 |
| Poppy | 148 |
| Popular Mechanics | 46 |
| Powder Bed Fusion | 158 |
| PP | 22 |
| Printrun | 191 |
| RAMBO | 51 |
| RAMP | 51 |
| RedEye | 58 |
| Reptier | 191 |
| Rokit | 43 |
| Room Builder | 113 |
| Rover | 147 |
| RP | 8 |

### ··· S~W

| | |
|---|---|
| Sheet Lamination | 158 |
| SLA | 20 |
| SLA | 24 |
| SLA 특허 | 93 |
| Slice3r | 191 |
| SLS | 20 |
| SLS | 25 |
| SLS 특허 | 91 |
| Stratasys | 18 |

| | |
|---|---|
| TM 나사 | 164 |
| Twinkind | 106 |
| Ultimaker | 20 |
| UV | 22 |
| UV 레진 | 24 |
| Vat Photopolymerization | 158 |
| Within Tech | 144 |

### ··· ㄱ~ㄹ

| | |
|---|---|
| 경제산업성 | 77 |
| 국가 기술발전 로드맵 위원회 | 14 |
| 금속 프린팅 | 68 |
| 기어 | 172 |
| 노즐 가열용 히터 | 173 |
| 노즐 쿨링팬 | 183 |
| 다쏘 시스템 | 75 |
| 디펜스 디스트리뷰티드 그룹 | 82 |
| 디포지션 라인 | 69 |
| 렙랩 | 43 |
| 로컬모터스 | 77 |
| 록히드마틴 | 77 |
| 리니어 모터 | 164 |
| 리니어 베어링 | 164 |
| 리미트 스위치 | 174 |
| 리버스 엔지니어링 | 74 |
| 리플리케이터 2 | 75 |
| 리플리케이터G | 56 |

### ··· ㅁ~ㅅ

| | |
|---|---|
| 마쓰우라 기계 제작소 | 68 |
| 마키 | 116 |
| 메이커봇 | 75 |
| 모델링 | 9 |
| 목업 | 156 |
| 목재 필라멘트 | 97 |
| 바이폴라 모터 | 181 |
| 베드 수평 조정 | 185 |
| 베드 영점 조정 | 185 |
| 베어링 | 172 |

# INDEX

벨트 텐셔너 …………………………… 174
보우덴 …………………………………… 174
볼스크류 ………………………………… 164
브라켓 …………………………………… 77
서미스터 ………………………………… 173
세라믹 프린터 ………………………… 115
셰이프웨이 ……………………………… 153
소비재 …………………………………… 10
스크류 방식 …………………………… 175
슬라이싱 ………………………………… 20
씽기버스 ………………………………… 153

### … ㅇ~ㅈ

아두이노 ………………………………… 51
아세톤 훈증 ……………………… 197, 199
아이리스 반 헤르펜 꾸뛰르 쇼 ……… 109
압력조절 볼트 ………………………… 172
오브젝트빌드 …………………………… 90
오토데스크 ……………………………… 75
완구 ……………………………………… 105
윌리봇 …………………………………… 43
윌리봇 라이선스 ……………………… 168
유니버스 아키텍처 …………………… 111
유니폴라 스텝모터 …………………… 181
의료 ……………………………………… 10
익스트루더 ……………………………… 52
익스트루더 튜브 ……………………… 172
인공 관절 모형 ………………………… 139
작동 이상음 …………………………… 186
적층제조 ………………………………… 9
전기적 소음 …………………………… 186
전산나사 ………………………………… 164
제3차 산업혁명 ………………………… 12
주력산업 ………………………………… 10

### … ㅊ~ㅌ

챔버 ……………………………………… 197
첨가방식 생산 ………………………… 156
출력물 완성도 불량 …………………… 188
캐드앤그래픽스 ………………………… 86

컨티늄패션 ……………………………… 109
쾌속 조형 ……………………………… 156
쿨엔드 …………………………………… 52
쿼드 콥터 ……………………………… 102
큐라 ……………………………………… 56
큐브 ……………………………………… 75
클라우드 생산 ………………………… 59
키네틱 아트 …………………………… 120
킬러 애플리케이션 ……………………… 63
테프론 너트 …………………………… 173
트레이드오프 …………………………… 199
특허 ……………………………………… 88
티어타임 ………………………………… 75
티타늄 임플란트 ……………………… 133

### … ㅍ~ㅎ

팹앳홈 …………………………………… 43
펌웨어 업데이트 ……………………… 193
포스트스크립트 ………………………… 20
폴리곤 …………………………………… 195
폼랩 ……………………………………… 75
프린터 영점 조정 ……………………… 184
프린티알 보드 ………………………… 51
프린팅 …………………………………… 9
플라스틱 압출형 ………………………… 14
피귤로 …………………………………… 115
피팅 ……………………………………… 172
필라멘트 ………………………………… 95
필라멘트 공급 불량 …………………… 187
핫엔드 …………………………………… 52
햅틱 기어 ……………………………… 151
후처리 …………………………………… 9
히터블록 ………………………………… 173